抗日战争档案汇编

抗战时期国民政府军政部兵工署第十工厂档案汇编

3

重庆市档案馆　编

中華書局

本册目录

三、会议记录

三、会议记录

15

炮兵技術研究處第二次工務會議記錄

日期　二十九年九月十一日

時間　下午三時

地點　總办公廳會議室

出席者　莊權　曾[illegible]　吳[illegible]
盧[illegible]　陳[illegible]元　李繼述
錢[illegible]　王[illegible]　胡[illegible]漢
蔡其恕　姚[illegible]元　張[illegible]

主席莊處長　　記錄吳新周

行禮如儀

19

16

甲、報告事項

主席報告

略謂今日所召集者，本係工務會議，但以討論事項涉及其他各組者頗多，故特請有關各組課主管人員同時出席，事實上不啻一處務會議。在昔處務會議每週舉行一次，以討論技術工作之改進及行政效率之增加，而各部主管人員亦得藉此商討一切，彼此情形可以互相明瞭。如此全廠工作得以推行盡利，行政效率自然增加。本席自回國返廠以後，感覺本廠之集會僅每月一次之小組長會議，實嫌過少。今後決恢復處務會議，並定每星期二上午七時為開會時間。

乙、主席諮詢事項

上屆會議時規定九月底出二公分砲彈三千發，出三公分七砲彈五百發，十一月份乙式部出品四分之一，請各位將進行情形逐一詳

報告，以便檢討。

機工所蔡主管員報告：（一）關於本所於十一月份應出四分之一產量，係假定

日出二公分榴彈七百五十發，或三七榴彈二百五十發，或二者

各增半數而言。所謂增加產量，即一為榴彈數量之增加，

二為破甲彈之加造。前者於設備上尚須補充，而後者尚

須予以試造之機會。（二）為欲於十一月份出四分之一產量，

則材料方面須先事準備。銅帶用紫銅管，如不能運

到，則必須設法供給本所以已截好準確寬度紫銅

條，否則人手不敷應付，此黃用之紫代替品試用後如
無問題最好，否則須有青銅片。（三）最感困難者為銅殼
燒口，務望燒口電爐試驗有效，並能於十月底前正式供
給本所使用，其次引信燒口噴燈業已損壞，現已改用煤
氣爐，機及工具及工人亦感不敷，須設法補充。
工具所陳主管員報告（一）關於樣板方面，若在十月及十一月之間須出全套，
恐趕不及，因本所工人頗感缺乏，即關於製造樣板之設備
及工具亦感欠缺。（二）裝砲彈用木箱式樣，請早日定出，以便
即日着手。（三）截至現在為止所收到工具請製單，尚有未曾
及做，惟關於設備一項，根據以往經驗，做成後往往有不

19

能適用者，故是否能及時應用，殊無把握。(四)工具所工作，除工具而外，尚有大部係代機工所整理料桿等工作，如七五砲彈及擦膛具等，在正式開工後勢必無此能力，以有延誤，擬請鑒原。

熊課長報告

在途放青銅皮，前謂業已遺失，但同時報稱遺失之件，已有到渝者，此項銅皮或亦尚未遺失。

業已通知王主任火速清查運渝。

火工所王主管員報告(一)關於銅殼部份，火帽發射藥均已試過，並均合用，倘有大帽殼可以着手壓製火帽，此部份殊無問題。(二)引信方面，須有主要之樣板，如擊撞針火帽距離者，機工所必需。關於雷管擋彈用者，若能於月底運到，當可裝用。

120

否則用雷汞自造以代替之。至於破甲彈用者，因內中裝氮化鉛，其量只有約0.3公分，不能用雷汞代替，若用雷汞代替，則須將雷管加大，勢必牽動炸藥形狀，故甚望雷管能按時運到，以便自製氮化鉛。至於苦味以黄改動原來材料，事關全局，當與有關各部份共同研究合用材料以代替。(三)彈頭方面，內中所裝之炸藥体已有，惟電光劑一項，按原來計劃自火工所接到各零件後，十個月試驗期限訂為二個月，故擬訂購錨彈用電光劑管十萬個，預作開工救急之用，現奉函關工在即，甚望此項電光管按時運到，以便應用。至於試驗電光劑，因尚未至地施行射擊試驗，故[redacted]不能決定是

78

否可以試[illegible]成功，惟望將射擊場於最短期內[illegible]交涉

妥當，俾便即行射擊試驗，再自造電光管時，擬其先造

破甲彈用者，因其中即有不發火者，間亦較小，其他為黑藥

一項，亦望能按時運到。

張主任報告

關於二公分砲彈成本單價，每月需造料費一百卅萬餘元，副料及運費四萬六千餘元，運費方面如每月以運六十五噸為標準，而每噸運費以六千元計，其共需卅七萬餘元，工資方面為以將來工人最高額為準，月需工資四萬八千餘元，外搬費每月約需二十餘元的，共計二百廿八萬餘元，以每月出二公分砲彈九萬發計算，平均每個成本為二十三元餘。

22

水電所吳主管員報告 本廠奉命前往兵工署接洽將第二廠動力機撥歸本廠應用，據向署長已允撥予一二廠，該廠尚未拆卸，如本廠需要者，可逕與第二廠接洽云。

檢驗課蔡代課長報告 趕造出品本課應由專員負責，且該員須於十月底前對於技術及檢驗手續有充分之準備，他如職員須添用四人，檢驗工亦須增卅人，分赴各廠所任檢驗之責。再射擊場為歸本課管理，亦須增添職員。

盧主任報告 關於射擊場事宜，前已約顧課長紹卿來廠商談，並約準明日再度來廠商討。

文書課姚課長報告 本廠局部更改之編制，前已由署轉部，聞不日即可核准頒下，特此項編制頒下後，再經過調委手續，即可將新廠編制呈請核辦矣。

20

23

丙主席指示事項

一、青銅皮可電請柏林商專廠購買，設法運回，或逕向美國訂購。

二、關於工具樣板可照下列二方式進行

1、可自造毛坯後再交他廠精製，並須與各廠工具廠主管人員聯絡

2、將須要之工具樣板先估計數量及交貨日期交與其他各廠製造並須訂立合同辦理。

三、本廠一年內所需之副料補充量請任課長擬定。

四、關於檢驗事項請工務組擬定。

五、檢驗砲彈規格須譯成中文，其機械部份請蔡主管員譯，化學部份請王主管員譯。

2

24

六、本廠急欲成廠，並擬定於本年十一月一日實現，所有新廠編制請姚[illegible]課長擬定，再送各組簽註意見。

七、動力機一項請吳主管員及熊課長速與第二廠接洽。

八、建築材料可先事充分籌備，各項建築所需即通籌計畫。

九、機工所今後對外來工作應盡量減少，以本身工作為主，火工所對外來工作應[illegible]能力者可盡量接洽，盡量接受，並請定一週密計劃，各所可根據此項從速充實內部。

十、本廠材料及副料之購買，各同仁須羣策羣力協助購置組辦理，所需經費，廠方自可籌措。

十一、射擊場總務組須於短期內辦妥，徵收或租借並以明。

十二、目下生活指數日高，職工負擔加重，請各位物色一位研究社會統計人員

俾得將社會生活指數逐項分析用作改善本廠職工生活負担之張本、

決議事項

一、裝配弾木箱式樣擬請早日定決案、

議決　工務組從速設計、

二、招致工人頗非易易、推求其故実因工資過低、請補救案、

議決　招募工人工資及調整新舊工人工資由工務組全權處理

三、着令本年至十二月底各廠處所需經費、速即前往領取關於本處所需經費應如何办理案、

1.關於製造費部份由工務組擬定

2.建設費部份由土木組按照將來所需建築數量面積詳細擬定、

26

四、署令飭辦技工訓練班，請指定負責人員，以便籌備進行案。

議決　請陳主管員暨董、[redacted]人。

散會

主席

記錄　吳新圃

73

兵工署炮兵技术研究处迁渝后第一次处务会议记录（一九四〇年九月十七日）

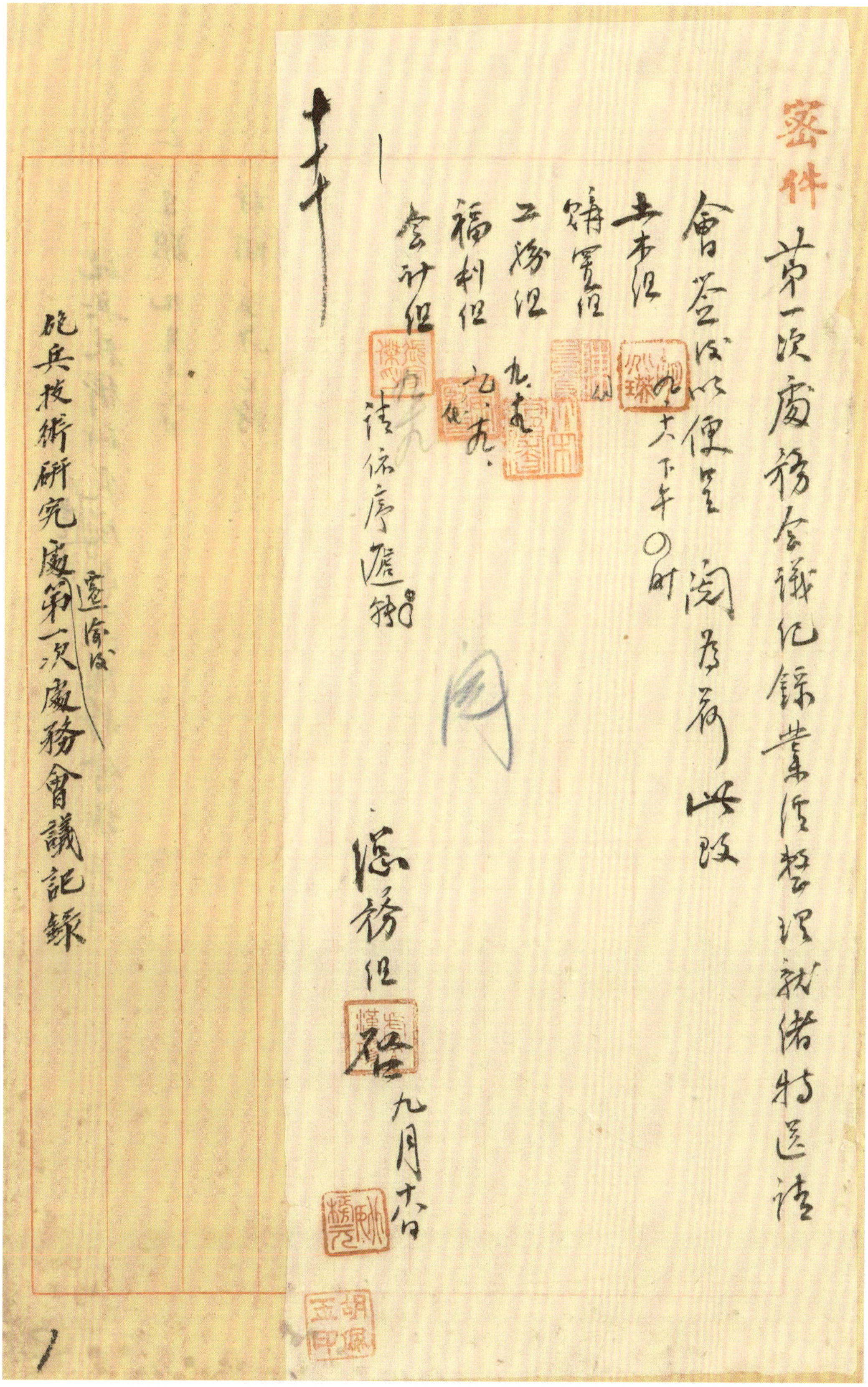
密件

第一次處務會議紀錄業經整理就緒特送請

會簽以便呈　閱為荷　此致

本組

鑄實組

工務組

福利組

會計組

總務組 啓

九月十六日

砲兵技術研究處遷渝後第一次處務會議記錄

2

砲兵技術研究處（廿七遷湘後）第一次處務會議記錄

日期　九月十七日

時間　上午七時

地點　總辦公廳會議室

出席者

莊權　葉取廢　胡世璜　陳青來

陳光　郭振華　王勤　張景鑄

陳志成　葉青　李博從　盧澤璁

吳坡春　張守信　姚增光　金大賢

蘇愈　吳傑　蔡其恕　李繼正

李世

2

主席莊廠長　　　記錄吳新周

行禮如儀

甲報告事項

主席報告　（1）際此非常時期，漢奸到處活動，而尤其對兵工製造廠何廠已有出品，何廠尚未開工，調查極爲詳明。本廠十一月份成廠開始出品，請各位轉飭所屬，對出品一項，切不可向外宣佈。本會議議錄今後在座各位均可印發一本，惟須嚴密負責保管。（2）前擬請撥第二廠動力機，本席已赴署調查明白，事實上已不可能，祗有自己購買小型動力機，分置各廠，以便逐步擴充。

乙、主席諮詢事項

4

一、本處一年內所需之副料已否擬定？

崇主任　普通者已擬定，特別者正在挑選中。

二、砲彈規格已否着手翻譯？

蔡主管員　業已着手。

三、土木組建築計劃已否擬定？

胡主任　已根據各部需要擬定計劃，(1)關於辦公室者，有增建會計福利二組辦公室；宿舍方面有職員單人宿舍及女職員宿舍、工役宿舍以及工人宿舍；(2)饍堂方面，擬將職員饍堂延長，其次工人饍堂亦擬增添；(3)警衛隊方面，有增添總隊部及分隊部以及禁閉室；(4)職工福利方面有新建供應部、理髮室、洗衣室、菜場；(5)廠房方面，計添

5

建碼頭鉗工二廠，並另擬在各廠房牆旁山坡上加築堡壘，以防風化石塊墮下，(16)水塔亦須添建一座，(17)汽車房方面以原有地基傾斜度太甚，墊土工程太大，即工程進行亦較遲緩，是否仍就原有地基建築，抑就另行擇地建築，請廠長指示。再工人及職員住宅，~~備建築二百家，除現有[illegible]家外，[illegible]~~

~~[illegible]家職員住宅、擬備一百家，[illegible]~~

本廠均擬分別添建，照上列計劃本年須付出建築費二十七萬餘元，惟工人及職員住宅地點尚無着落，擬請加撥征地費，以資應用。

主席指示　1. 所需建築費數目可即呈署。

2. 軍委會明令限制征用可耕熟地，在此種食缺之[illegible]時期尤須慎重辦理，可由工務、土木、總務三組會同在本處現有範圍內，勘定適當

地點，以資建築，設廠外上瓦廠需要地，可以租用者，可由土木總務二組

與地主[redacted]商洽進行

四、射擊場徵收地畝事宜，已進行至若何程度。

盧主任

已二度約該管保長率領地主來廠商討，惟各業戶有意規避，日前親赴保長辦公處，對各業戶明白曉諭，彼等咸反對徵用，其原因即在公家徵地給價太低，業戶不能另向他地購地，以維生計，若能採用租用方式進行，較易。已約當地保長率領各業戶於今日來廠繼續商討矣。

主席指示：由大工所土木組及總務組會同辦理，大工所負勘定場地之責，土木組負建築之責，總務組負對外交涉之責。

7

五、砲彈木箱式樣已否設計完成？

榮主任 圖樣尚未繪出，不日可以完成，照德廠原來裝箱方法，砲彈外裝有紙套，現本廠不擬用紙套，但於圖樣繪成後，仍須取得署方同意。

六、製造費已否核定？

榮主任 因會計組所擬砲彈成本計算表，甫於昨晚送至本組會簽，以是正在核閱中。

七、工具所能力既極薄弱，所有工具樣板除盡力自製外，其不足數可用訂購方式，試交各廠代製，同時設法逐步添置工具機器，如第一、第十五、第四十等廠遷移後，暫時不能開工，或可向該廠等借用工具機器，工務組可往探詢究竟，以便進行，又工具廠房是否敷用，工具所事前應有計劃。

7

陳主管員　鉗工所成立後，可以容納。

1. 警衛隊長日前呈送意見書，除警衛本身問題外，關於廠內設備情形影響警衛而須改良者甚多，茲分別提出討論，請各位注意。

1. 本處廠境四周圍籬未完成者甚多，擬請在最短期間內先將本廠宿舍至工人宿舍一段建築完成。

主席指示　可以照辦。

2. 本處職工兵役及眷屬，多不佩懸証章或符號，且多不受衛兵干涉，致無從稽查，擬請各主管部份轉飭所屬一律佩掛，一面授權警衛隊嚴厲執行，並以雙方並進，收效自宏。

主席指示：1. 各部份主管人員切實告誡所屬，此後務必佩掛証章。

2. 自佈告週知。

8

9

3. 職工眷屬通行證無特別標識，恐發生借用等流弊，應請另行改善

主席指示　將通行證式樣另行更改，新通行證上一律粘貼本人照片

4. 本廠佃戶散居全廠，雖有通行證可資證明，祇以該項通行證毫無標識，恐發生借用等流弊，擬請將佃戶集中一處，以便管理而利稽查

主席指示　將佃戶通行證更換，新證上一律粘貼本人照片，並由農林室設法將各佃戶集中一處居住

5. 廠內各炸藥庫玻璃窗戶甚低，易為不肖之徒破壞，此後建庫時，擬請轉飭在窗外另行加提高鐵柵或堅密之鐵絲網，以策安全

胡主任答　此項低窗之庫，僅備臨時存放之用，至大工所正式庫房，均係高窗

9

10

6、各廠房屋，擬請另圍竹籬，放工之時，應由各廠房管理員在進出口處逐一檢查，並請規定於放工以後，無論何人不許再入廠內，以免物件遺失。

榮主任

在放工後再入廠者，係廠房工作人員以宿舍內閱書室喧嘩不堪，在廠作閱書等自習工作。

主席指示

1、放工後各工作人員不准留廠。

2、另在清靜場所建築圖書室一所，或就子弟小學內另闢一室，由土木組會同總務組辦理。

7、本處各職工伕役多未遵照指定防空洞避難，請將各洞編列號碼，懸掛洞首，並請規定避難證，證上載明防空洞號數，俾對號入洞，以便衛兵檢查。

主席指示

1、依照防護團規定辦法辦理。

10

11

7. 可另製來賓避難証，俾來賓遇空襲時，得入洞避難。

8. 空襲時各同仁入防空洞避難時，不遵守防空規則，對喧嘩高聲謌唱及吸煙等情事，擬請絕對禁止。

主席指示：將各種禁條（如不准喧嘩、吸煙及大小便）繕於木板，懸釘洞內，如有違犯，予以相當處分。

9. 依照本處會客規定，來賓應先在傳達室登記，然後通知職員引導至會客室，近來每多不能遵照規定辦理，往往由各柵內逕行入內，及有隨帶賓客參觀廠房等事宜，擬請嚴予糾正。

主席指示：由總務組事務課擬定辦法呈核。

10. 警衛隊伙食，向為隊部統籌辦理，現天氣日寒，每餐送至各分隊時已冷，

11

如寒冰，尤以下班士兵食之，更感不能下咽。擬請 俯准由各分隊自行炊蒸。

主席指示 由郭隊長擬具辦法呈核。

八、警衛隊禁閉室，行將傾倒，擬請先事修理。

胡主任 禁閉室房屋破壞不堪，已不值得修理，須拆卸後重行建築。

主席指示 關於此類情形，不止禁閉室一處，即現在之合作社，亦有同樣之現象，可由土木組調查清楚，再估計可修理者修理，不可修理者拆卸後重行建築。

丙、決議事項

一、主席交議：據子弟學校呈，本廠職工伕役已加工益薪，而該校教職員工伕役不能享受與廠方員兵同樣之待遇，請補救等情，請 公決案。

13

議决　加工益薪，祇適用於办公廳及廠房工作人員，該校不在本廠編制以内，且其性質與一般職員不同，自不能相提並論，但以生活程度過高，酌另其津貼办法，至食米等生活必須品，除軍糧外，其餘當與本廠職員同樣待遇，但該校校工之待遇，可與其他勤務兵完全相同。

二、胡主任提議　來賓或商行到廠，驟遇空襲，而所欲會之職員又以空襲關係不易找到，遇此場合，應如何办理案？

議决　由傳達兵通知值日官或值星官，再由值日官或值星官引導入防空洞。

三、總務组提議，本廠職工患病，其症象較重者，如因醫務課設備缺乏，經醫師証明，確須就外間醫院療治者，其醫藥費用，是否可由廠方

13

負担,以示體恤,請 公決案。

議決 如患急症或重病(另外就医),其醫藥費用,經 廠長批准者,廠方可以負担。

四、總務組提議 本廠各防空洞門前缺乏偽裝,似易引起敵機偵察目標,擬請在各洞口植樹掩護,并短期內樹苗不易蓄茂,則改用防空網以策安全,請 公決案。

議決 交農林股辦理

五、會計組提 本廠職工住宅房金及膳費,例於月終支薪金內扣收,惟遇人事更動,管理住宅部份,常不能先期通知本組,以致無從扣收,應如何辦理,提請 公決案。

15

議決

1、凡離廠職工，尚有儲金留存本廠者，在儲金內扣收。

2、管理住宅部份，遇原住人離職時，先期通知會計組。

3、職員離職通知，請由文書課擬定辦法，提出下次會議討論。

下、主席交辦事項

一、國防工業委員會委托本廠代辦理之技工訓練班，本廠已商准署方停止進行，總務組可办文呈復。

二、本廠醫務課對瘧疾藥及痢疾藥存儲不多，由福利組電主任轉知葉醫師，來渝時可多帶若干。

三、本廠食米應備足六個月之存量，每月需一千擔計算，應迅速購備六千担，由吳課長办理。

15

16

四、本廠用煤亦應備足六個月之存量，採購事宜由吳主管員辦理，所需費用可與張主任接洽。

戊、散會

主席

記錄 吳新周

16

第二次處務會議記錄業經整理就緒特送請

會簽後以便呈　閱為荷此致

土木組
購置組
工務組
福利組
會計組

總務組

九月廿四日

砲兵技術研究處遷渝後第二次處務會議記錄

20

砲兵技術研究處遷渝後第二次處務會議記錄

日期 二十九年九月二十四日

時間 上午七時

地點 總辦公廳會議室

出席者 莊權 吳頌耆 張守賢 張崇鴻

錢羽堯 姚楞先 姚士青 郭梓榮

蔡其魁 胡少模 沈壽棠

盧學聰 王鑑 黃雪 劉世遠

俞悌傑 葉承蓉 陳心亮

主席莊廠長 記錄吳新周

20

行禮如儀

甲、報告事項

主席報告 (1)本處各部分辦事方式，常互相以書面通知，轉輾擱延，耽誤遲延，最易發生

行政効力，亦形減低。本處各部內有電話設備，原為求其辦事迅速，

有互相推諉者，殊非精誠合作之道。此後凡本身責任以內之事，不論

增加行政效率計，除必須行文者外，儘量利用電話聯繫範圍

有無通知，應先着手辦理，即見到其他事務，而非本身以內者，亦應

儘量節省用字紙

迅速以電話通知有關部份，以此盡量利用電話，聲氣互通，行政

效率自然增加。再此後各部份凡遇非十分重要事件之公事，不必徵求意見者，亦應自行決定

辦法，迅速辦理，蓋如有不妥之處，在本人簽稿之時，仍可糾正也。(2)最近處

內竊案迭出，警衛隊應嚴密注意。

乙、主席逐一詢問上屆會議之決案及指示各點之辦理情形（略）

21

丙、主席諮詢事項

一、射擊場租用事宜已與各業戶商洽〔已具簽呈〕，減租手續已告一段落，關於設備方面事〔以前一切問題甚多，盼〕先應〔迅為〕有準備。

王主管員：(1)存砲之房屋擬租用原有小學及民房一所，其餘山坡之〔民〕房屋應一律拆除。(2)由本廠至〔大石壩〕一段道路，擬就原有道路整理加濶。(3)築大砲前後移動用三公尺濶道路一百〔廿〕公尺。(4)行人道自大砲行道前端至目標地約六百公尺，處可就原有道路連接。(5)大砲行道前端二百九十五公尺處築一土壘，與砲位地平相平。(6)山坡上目標地砌一深約一公尺之石洞〔窖〕，作射擊目標，以免彈片飛出。(7)在大石壩附近砌一試驗砲片〔用〕之石間

胡主任：上星期已隨帶測量員一人隨會同王主管員前往實地看過，本擬於星期

23

五部動工，總以天雨未果，整土壘等工作，短期內即可完成，惟砌石洞工作較難，需时長

（二）合作社陳經理目前上一簽呈，其中數點與各部均有相當關係，茲特提出檢討，

俾使改進。

1. 合作社缺乏運輸工人，進貨時無人搬運貨品，擬請添僱運輸工人。

主席指示　由購置組擔任搬運事宜

2. 合作社房屋破舊不堪，已不能作用，擬請在適當地點另建新屋。

主席指示　新屋已在設計中。

3. 合作社營業時間，擬請另行規定

主席指示　在夏令為上午六時—十一時，下午十六時—二十時。

在冬令為上午七時—十二時，下午十七時—二十一時。其餘為進貨

23

24

及结帐等时间。

4、合作社时告失窃，请将社厂前竹篱出入处，由警卫队实施检查行人。

主席指示　由土木组在该厂篱笆隔离绝厂外交通。

5、合作社营业所收下之现款满五百元以上者，即缴会计组制发传票送存出纳课。需用时，即由出纳课开支票向银行提付现款。往返周折，不便殊多，此后拟请出纳课改付现款。

主席指示　由会计组、出纳课，会同合作社斟酌办理。

6、合作社缺乏辅币，拟请印制辅币，以便卖买找兑。

主席指示　准印制一分及五分之辅币二千元，以流通本厂为限，由该社会同会计组办理。

24

25

7.為防職員向合作社濫購物品起見，擬請依照職員薪額比例，規定購買物品數量。

主席指示　由張主任擬定辦法呈核。

(三)據本組各呈請，擬將土木工程組於將來成廠時改為土木工程處，茲特提出檢討。

主席指示　由姚課長擬先處理。

(四)各廠工資調整已到若何程度。

業主任　已將各廠工人一律普加一角四分，惟技工方面，在普加以後，尚另外開工資

為低技工再將手藝優良之技工，再酌加一級至二級，計為八分至一角不等。

小工方面定最低工資為一元。

主席指示　凡本廠工人，不論廠房工人及土木組工人，以及農夫，其工資自可一律調

25

26

整，惟須慎重處理一案，以昭公允，不使工人有不平之感。

小土木組工人及農林室農夫，其調整工資，應在擬定以後，請蔡主任核。

（五）本廠各項建築工程進行異常遲緩，推其原因，實受包商之牽制，而本廠[illegible]業務正在迅速推進，萬不能因土木工程進行困難而致耽擱，請出席主任供獻對付辦法。

胡主任　包商之所以遲緩者，實因缺乏工人，蓋本廠發包時，所定標價不高，而外間之工資亦高，即欲招致高價之工人，勢必賠累，故招致低價之工人，頗非易易，工程進行遲緩，鄙意非將工人之工資提高不可，延誤工期。

主席指示　由土木組擬定自僱工人辦法呈核。

（六）出品進行已至若何程度

陳主管員　二吋所方面以[illegible]二米厘之鋼板（現已在試製）螺絲（七）樣板已交出一部份，應否再[illegible]

能否成功尚未把握，刻螺絲[illegible]力求改大直徑

26

27

請其他部份檢驗子彈樣板現正在劃線中（深淺）所有困難問題不日即可完成否則須送他廠代為劃線

王主席指示 樣板可交其他各廠檢驗

蔡主管員 本所(1)引信方面以材料尚未到齊故一部份工作未着手 又引信內所用木質尚[redacted]與相當材料未知白桃木能合用否

[redacted](2)彈頭方面鋼帶業已到齊（運）

[redacted]方面以無電爐燒紅鐵其準度（石棉）尚有問題正在較準中

主席指示 木質可用白桃木（刻圖章用）購置但擇上等木

王主管員 本所已着手看擊針業已就樣板但缺乏□□致無法量擊針之長短（大帽間距離）其次銅虎大帽請早日交貨以便本所迅速繳呈

主席指示 宜趕大進準備十月一日須實地試驗射擊

(七)檢驗課技術方面已由蘇先生（知檢）把任但尚少負責（協理）之人

28

蔣主任　擬另行派員自行負責。

（八）購煤事宜已進行至若何程度。

吳主管員　已調查各部份所需之數量，又已會同土木組及材料庫預備存煤地點，又統計把煤價照官價一百元計算，則共需十五萬元，聞合川以上產煤甚多，且不受燃料管理處之限制，擬於明日前往白廟子一帶調查煤質及購買手續。

主席指示　從速進行

（九）據警衛隊報告，該隊士兵出差者甚多，影響勤務，擬請設法補救。

主席指示　將調派農林室磨穀之士兵調回。

下、討論事項

28

一、主席交議（方體奉國防最高委員會）令更改辦公時間，本處現在辦公時間是否須另行規定，提請

公決案。

議決　仍照現在辦公時間仍照舊。

二、購置組提議擬請組織運輸隊一隊，俾利起卸貨物、搬運器材及解繳成

品，當否請　公決案。

議決　除各廠房本月小工仍照由各廠自行管理外，其餘搬運工人歸購置

組統籌辦理。

三、（購置組提議）請在渝市適中地點租用房屋一間，以利購物案。

議決　通過。

四、會計組提議　部頒出差旅費給予規定已不合實際，本處前曾擬定

28

29

出差旅費津貼依本廠前部方經理會議之決校官出差旅費增加二分之一（以資補救）尉官雖增加一倍尚不合實際情形擬請將尉官級例（旅費）維持（照）本廠原定津貼無法給與，庶出差人員不致賠累，當否請 公決案。

議決 由會計組依照每期生活指數擬定出差旅費給予辦法呈核，庶此項辦法可隨時變通辦理適合實際情形。

五、警衛隊提議 本隊之部無適當地點擬請將原有子弟小學校舍撥為本隊之部當否請 公決案。

議決 各部份可先估計將來所欲添造房屋之面積，再由土木股召集各部會商決定。

六、警衛隊提議 住居廠外職工眷屬將食米攜出廠境應否備有放行條請 公決案

31

議決

一、應備有效行條，並由事務課兼管。

二、由勞工課將住居廠外工人姓名通知事務課，

三、由李代課長（沈孫）會同金仲賢、陳英、陳新三先生商洽後，再加詳細辦法。

戊、主席交辦事項

一、本廠各廠門柵應盡量減少，即在廠門衛之前門柵亦應規定啓閉時間，由工務組會同總務組辦理。

二、射擊場房屋拆遷事宜，由總務組應迅速辦理。

三、職員離職循環證，由胡主任會同姚課長詳為商討決定。

四、新編制實行在即，各部份人事可預為準備，並先與本席接洽。

31

32

五、東南陽岩鄰七孔等地方拆遷業户，仍在該廠搭蓋房屋，警衛隊應嚴加制止。

六、岩鄰中國藥產提鍊所空地三方，頗合本廠需用，可向該所接洽購買，由盧主任辦理。

七、農林處每日所出食米僅供全廠職工一日之用，此後應大量增加並另儲存，以備萬一。

已、散會

主席

記錄 吴新周

吴新周

32

33

第三次處務會議記錄業經整理就緒特送請

會簽後以便呈閱為荷此致

土木組 十、三

購置組 十、三

工務組

福利組

會計組 十、十

密速

總務組

十月一日

砲兵技術研究處遷渝後第三次處務會議記錄

33

34

砲兵技術研究處遷渝後第三次處務會議記錄

日期 十月一日

時間 上午七時

地點 總辦公廳會議室

出席者 曾[illegible] 陳[illegible] 蔡其恕 郭[illegible]
胡[illegible] 熊[illegible] 錢經時 李維迺
王[illegible] 劉世達 江杓 陳[illegible]
張[illegible] [illegible] 姚楞元 張[illegible]
[illegible] 陳志靜 [illegible] [illegible]

主席莊處長　　記錄吳新周

3[illegible]

35

行禮如儀

甲報告事項

主席報告 (一)今日係十月一日為重慶各界慶祝成立陪都紀念之日 我當局之所以將重慶定為陪都 無非明抗戰三年來軍事政治經濟文化諸端重心仍建立於故都未動搖 一面昭示國人我國無論處在何種困難環境之中是決不中途妥協 故抗戰對其意義至為重大 我

係身負抗戰責任 尤應努力生產 速謀出品 以加強抗戰力量 (二)際此非常時期 上一部份各同仁均應努力於本位工作 最近一月內本處各單位應趕加工作 俾每 望在座諸位轉飭所屬 職員今後萬勿遲到早退 (三)本處編制實行後職工日益增多 至將來成廠時 尚須照現有人數增加一倍以上 則住宿之房屋勢必增添 當此新屋未著手建築 原有房屋不敷容納之

35

36

時特規定办法三項如下(1)單人宿舍每室原住三人，將來須增為四人，所騰餘房屋容納新進眷屬之用(2)現已附居廠內而未住宅而又準備遷入新住宅者，一律暫緩遷入，俟新住宅落成時重行分配(3)本廠住宅祇限居住本廠職工及其直系親屬，其他親友概須遷出，否則由該職員自行負責，以上除佈告周知外，特再報告，請各位注意

李生任

乙、主席逐一詢問上屆會議之決案及指示各點办理情形(略)

丙、主席諮詢事項

一、今日原係規定本處出品之日，但據之事實相差尚遠，不識工作進行現已至若何程度？

36

蔡主管員　本所(一)銅殼部方面已製成合規格之銅殼數百個。(二)彈頭部所需之日內已可全部出齊。(三)引信部方面僅缺少無烟藥片

兩項本月中可完成

主席指示　所缺之無烟藥片可電催二十三廠迅爲代製。

二、三・七公分之砲彈已籌備至若何程度。

蔡主管員　三七砲彈件數不及二公分砲彈之多，本月底大約可以試造完成。

主席指示　三七公分及二公分砲彈實件須於本月二十日以前做好，並將已準備就緒者，先行局部射擊試驗。

王主管員　三七公分砲彈於製造時固無甚困難，但試驗射擊所需用之火砲尚付缺如，致裝藥難於決定，擬請設法

38

榮主任　大砲已呈准撥發一門，現由來領到，以為預備防損壞計，最好多（由備價繼續領運）

領一門

主席指示　續置組速派員前往領運。

陳主管員　二公分砲彈所需用之夾頭已準備就緒，能否合用，尚無把握。

三、十月十日係本廠新編制實行之期，各組人事支配大多數已定，惟尚有一、二（數）（未）

組未經呈報，請速準備，再本廠既廠編制已擬定否？

姚課長　廠編制已擬定，現正送工務組會核中，擬於奉到新編制批准後再（十一月一日本處正式成立）（此項編制）

將本廠編制呈請備案　署核示。

四、招收工人已進行至若何程度？

榮主任　已由各方介紹來廠者計十餘人，惟來廠投效工人大多不願賓

38

地受試、此後擬用試工辦法以測驗手續力

五、關於新編制實行後辦公之房屋分配已否着手。

盧主任　現因添造之新屋尚未完成，特就原有房屋酌配置，擬將現在之党部辦公室作為福利組辦公暫時之用。

胡主任　本組對各項新工程業已設計就緒，並擬定於本月十五日以前決標，惟所擬興工之工程，地點尚未勘定，致無從着手。本處左鄰中國藥產提鍊公司空地及上瓦廠壩平地均可供本處建築之用，前經決定用租用方式或進行，不識已否着手？

盧主任　瓦廠壩平地已召集當地陳保長談過，現該保長在病中，致無從進行。至中國藥產提鍊公司空地，前經派員持本處公函前往該廠接洽，適該廠經

39

40

理不在，由會計主任出納播云，關於地產之賣買，須由董事長直接決定，現尚未接得該廠之覆函。

主席指示：土木組可將本面廳工程先行着手進行，上項廠需土地如可收買者，即予收買，其手續由陳組員新赴部接洽，再廠内瓦窑一座原有房屋，基延供本廠建築宿舍之用，可將該廠瓦窑予以收買，至建築上所需用之磚瓦，本廠可自行發包燒窑工人燒制衣磚坯。

丁、討論事項

一、會計組提議：出差旅費津貼辦法，經會行擬定，茲特提出討論，當否請 公决案。

議決：由會計組召集各部份會商决定。

40

41

二、購置組提議　本組採購物品驗收證明單擬請驗收部份於接到該單後三日內送材料庫，再由庫於二日內送還本組，俾資迅捷而利採購，當否請

公決案

議決　驗收物品之可速辦者盡量迅速辦理，於事實上驗收時須經過若干時間者，則購置部份應於購貨時在合同內訂明於驗收手續完畢後付款

三、蔡主管員提議　查驗收物料應由原請購部份驗收，然本處購入物料常[illegible]有交非請購部份驗收致物料之合用與否難以決定，又單件物料之合用與否亦有非一二日內所能驗出者，遇此情形應如何改善補救，提請

公決案

議決　一、凡請購物料以不由原請購部份驗收為原則，二、可由驗收者在庫房先行提出物料一小部份試驗是否合用，再填驗收證明單。

41

42

四、總務組提議，擬請增設印刷所並設法撥購石印機一部，以利各項文件表格之印刷，當否請 公決案。

議決 石印機一向由購置組在滇撥購，一面通知駐昆明辦事處購買

五、總務組提議，擬請利用本廠原有照相機增設攝影室一所，物色專人管理，以便於新進職工照相案。

議決 關於技術方面，請呂則仁先生擔任，管理方面由福利組負責。

六、總務組提議，查處理文書，貴在迅捷，則辦事效率可隨之增加，以往分組辦法遞送次序及簽判等手續，擬予變更，特將原定及現擬辦法，開列如左，以資比較，當否請 公決案。

議決 照新訂辦法實行（本記錄從略），其推行細則由文書課召集會議商定之。

42

七、警衛隊提議本處(通廠外)各處便門啓閉時間業經擬定當否請　公決案

議決　各處便門啓閉時間規定如左(規定以外之啓閉須經(處長)特許方可)

青崗嘴　上午五時至七時　中午十一時卅分至十二時卅分

下午五時至六時卅分(星期六下午三時至四時)(星期日上午八時至十時)

鴉口　仝右

瓦廠嘴　仝右

九廠　在竹籬笆便門築成以後必要時亦可啓閉

八、(法務組)事務課提議本處會客規則業經擬定提請(審查)　公決案

議決　所擬辦法尚有未盡善處請鮭課長另擬

九、陳主管員提議工具所磨床不敷請設法補救案

44

議决 可將工人(座廠)分日夜兩班工作。

十、榮主任提議，擬請在工務組下向平地，建築工人大食堂一座，當否請 公决案。

議决 通過。

戊 主席交办事項

一、此後新進人員到差時，須先引見本席。

二、中國實業機器廠有大批機器出售，其中尤以車床為多，請陳主管員心元及陳代主任喜棠前往接洽。

三、(本廠)醫院層樓高聳，目標顯著，應在其四週多植樹木，以資掩護。

四、此後建築房屋，可斟酌地形，(改)建築樓房，以省地積。

44

已散會

主席

記錄吳新周

兵工署炮兵技术研究处迁渝后第四次处务会议记录（一九四〇年十月九日）

46

查第四次處務會議業經整理就緒特送請

會簽後以便呈 閱為荷此致

土木組

購置組

工務組

福利組

會計組

密 速

稿

總務組

中華民國廿九年拾月拾四日發出

砲兵技術研究處遷渝後第四次處務會議記錄

46

47

砲兵技術研究處遷渝後第四次處務會議記錄

日期　十月九日

時間　上午七時

地點　總辦公廳會議室

出席者

莊權　吳[illegible]　盧[illegible]　張[illegible]

[illegible]　陳志[illegible]　姚[illegible]　[illegible]

陳[illegible]　郭[illegible]　蔡[illegible]　胡[illegible]

陳[illegible]　李[illegible]　張[illegible]

[illegible]　王[illegible]　劉世[illegible]　蔣[illegible]

[redacted]　[illegible]

48

主席莊廠長　　　　記錄吳新周 朱常民

行禮如儀

甲、報告事項

主席報告　本廠自加工以後，各部份晨上班時原定為六時上值，惟查在此期間辦公廳方面同仁尚不能到齊，為謀適應實際起見，此後除土木及工務兩組廠房工作同仁仍照原定時間上班外，其餘各組改為七時上班，下午七時退值（中午時間不改），望各位轉飭所屬此後幸勿再行遲到。

乙、主席逐一詢問上屆會議之決案及指示各點办理情形（略）

丙、主席諮詢事項

48

49

第一批出品二六式砲彈五千發已施行之各種試驗

一關於趕造出品其檢驗工作應於本月二十日以前準備竣試法

棠主任

關於檢驗工作由各廠自行檢驗以後即送裝配間裝配其他銅殼

彈頭及引信等件於裝成後先作局部之試驗再由大工所

會同各部所實地總試驗，作各種射擊試驗

王主管員

曳光体業已試驗，惟尚未臻滿足之程度，以雷管業已試驗，並發

早炸有待改進，引信之爆炸情形尚未試驗，現正擬着手，如無

困難即可從事裝配

主席指示

在局部試驗時，應將試驗結果列表登記，以備參考，再關於製

造上有無其他困難，請各部詳細檢查，並將檢查結果

登記，何者應待改進，何者應予補救，一併列表登記送府

50

二、預定在十二月一日出品，設備方面有無問題，並已準備至若何程度？

蔡主管員　如在十二月一日出產○砲彈一千發，則設備上無甚問題，惟人手頗感不足。

三、最近工人已招滿若干人？

李代課長　本月已招滿二十餘人。

以本廠前招致沅陵砲廠手藝優良之工人來廠工作，已否着手進行？

榮主任　經查該廠工人中頗有願來廠工作者，[redacted]以旅費問題（浩大）相持未決[redacted]。[redacted]員役等均攜有眷屬，於旅稍有不便。

主席指示　旅費可由廠供給，關於手藝優良工人姓名，由蔡主管員詢問沈華耕及金樾聲二君。

50

51

五、射擊場工程已進行至若何程度？

胡主任填 本工程已發包，並定於今日開工

六、照本廠值星值日規則之規定，各值星及值日官應隨時巡視廠境，對於各項興革事宜，尤應在值星記事簿上詳細記載，乃近來各值日生及值日官多敷衍塞責，考查記事簿所記事項，什九篇一律，擬值星官之任務在輔助主管人員思慮及行動之不逮，故此後值星官及值日官當值之際，務必隨時巡視廠境，對與革事宜應盡量記載，再各廠房鑰匙前曾規定各倫一行交由值星官保存，現仍未遵行[redacted]

（如前晚銅壳部電炉走火，值星官鈔即趕到，因無鑰匙，由衛兵破窗而入，設使彼時火勢擴大）

故值星官應保管鑰匙之意義極為重大

鑰匙，其規定值星官每[redacted]

盧主任 本廠值星及值日官均有原服工作職務，況在加工以後，每日工作在十一小時以

51

52

上、迟值后已精神感疲乏之□，实无余力……在本厂稽查室
故值星值日任务上应行贡献及办理各事
行将成立，此项任务拟请由稽查室任之。
主席指示：（一）此后值星及值日官任……当值之际可将工作减为八小时，所余
时间即把值星值日执行勤务。（二）关于稽查室所任之稽查任务，与值星官之
范围不同。（三）值星值日规则由文书课再予修正。

下、讨论事项

（一）会计组提议：本厂员兵主食费及补助费，计官佐每月八元，士兵每月九元，
查本年令规定官佐士兵主食不敷之数，核实支报，准在经常费积余项
下列支，拟请规定官佐士兵主食不敷津贴办法及标准，当否，提请公决案。（本纪录从略）

62

議決　由會計組研究同仁生活指數後，再行決定办法。

(三)土木組提議　本組向材料庫領用材料，該庫常將領料單送工務組會章，輾轉過折，殊感不便，請設法改善，[redacted]案。

議決　各部份可先擬定[redacted]需用材料之最低存量，（由庫房保管）俾庫房浮存若干數，請領，而需用部份亦得隨時領用。

(四)會計組張主任提議　本廠值星及值日官之補[redacted]休[redacted]日期可否由本人自行選擇或竟將補休次數累積一次休假，以減少同仁請假之手續，當否提請公決案。

議決　原則通過，實施辦法由文書課擬定值星值日規則時擬定。[redacted]

[redacted]

53

四、（工務組）崇主任提議：土木組材料業由材料庫保管，惟散置室外，保管為難，擬請圍以竹籬，免致遺失，當否？提請 公決案。

議決：此後土木組材料應自行管理，材料庫所保管之材料，以工務組本身者為限。

五、（工務組）吳主管員提議：本廠新建房屋落成以後，即通知水電所裝置電燈，祇以管理之人，電料等常告失竊，此項房屋究由何部管理，擬請規定，俾明責任案。

議決：各項建築（廠房除外）完工後，先由土木組驗收，然後移交事務課保管。

六、（工務組）蔡主管員提議：本廠機料運到以後，以缺乏驗收證明單，致無從驗收，應如何辦理，請 公決案。

54

議決 由工務組置會計三組之職員驗收查賬員會辦理。

六、四、關于衛隊新隊長提議，星期例假警衛隊官佐有所休息，提請公決案。

議決 該隊參照軍隊休假規則辦理。

戊、主席交辦事項

一、關於續征土地，可先調查現有土地面積已否超過第一次征地呈請公告之面積，如已超出，可速辦理公告手續。

二、本府通廠外各便門之啟閉時間，業經規定，惟星期六下午之啟閉與住居廠外之職員之安不合，將住居廠外職員為數無多，可將

住宅新屋已完成者，先予容納，由陳組員斯支配。

三、職員離職循環通知話，業經擬定，應即實行。

55

56

四、已完工之建筑工程应速即呈报验收。

己、散会

主席

記録吳新周

朱潔民

56

57

查第五次處務會議記錄業經整理就緒特送請

會簽後以便呈　閱爲荷此致

土木組

鑄造組

福利組

工務組

事務組

會計組

閱

楨

十一、十九

總務組

十七、

砲兵技術研究處遷渝後第五次處務會議記錄

57

58

砲兵技術研究處遷渝後第五次處務會議記錄

日期 十月十五日

時間 上午七時

地點 總办公廳會議室

出席者

莊權 潘家[illegible] 張[illegible]

何書雲 胡瑛 鄭振[illegible]

陳志皓 [illegible] 李[illegible]

陳公元 盧偉[illegible] [illegible]

張景瑞 [illegible] [illegible]

吳[illegible] 李維迅 王[illegible]

劉世[illegible] 陳[illegible] [illegible]

金[illegible]賓

58

59

主席莊處長　　記錄吴新周
　　　　　　　　　朱潔民

行禮如儀

甲、報告事項

主席報告 (1)自恢復處務會議後現已第五次每次會議均有若干議決案件各位應時時考查已往之議決案件已否切實執行尚未着手辦理者請迅即趕辦此次雖經議決而一時不能辦理或已失其時效者可提出聲明 (2)本處經費可分三種一為建設費二為製造費三為週轉金綜此三項共達三百餘萬元吾人究應以何種方法籌得此許巨款惟有趕速出品現已與兵工署商妥本處在十一月一日出品署方可發餉造令俾便請領款項現在應先估

59

定出品日期，以便呈署備案。[illegible]再過

薪金一項大部用於購買食米，此事關係全廠職工食糧，

故特組織委員會處理之。但事極煩瑣，非僅該會可以辦理完

善，各部份應遵照該會所定辦法，從旁協助，庶幾收效容易

舉。最近發覺各部份互相推諉，不願接受該會委託之件，[illegible]事上間或亦有摩擦[illegible]

殊非[illegible]言，將現[illegible]須

知購米一事，非本廠應盡之義務，而本廠之所以願耗巨

額款項覓購者，無非鑒於目前生活程度日高，[illegible]為全體員工解決生活之困難耳。[illegible]

[illegible]各項事務之推進，[illegible]

61

座諸（各位）知所屬、善体此意、(5)上次會廠長會議內中有數點須報（向各位）
告者在者 a、各廠稽查室經軍事委員會調查結果、以五十廠辦
理最完善（為）、各廠可前往觀摩、以資借鏡、本處稽查室四人選擬（接）（尚）
（待）物色、致迄未成立 b、本年度製造械彈之成本統計、已定於一
月一日起實行（此可請會計組注意） c、各廠庫訂購材料、所有訂購之項目應
悉數填入材料旬報表內、並應按期呈報、勿使遺漏（此可請儲運組注意） d、文
書課對呈出者文件、所有附件、應全部完全、尤以人事者致（各項人事呈報案件、所附件應一次送齊）
重要、萬一有遺（所）漏、待署方通知後再補、則（激）公文轉報費
必稽延時日 e、煤炭（此可由文書課注意）今後有減少之可能、會議本處應多（設法）
多存儲 f、關於編制問題（問題）軍務司對署屬各廠編制有（將）

61

62

一、署之规定，本厂新编制应迅速呈署

乙、主席逐一询问上届会议之决案及指示各点办理情形（略）

丙、主席谘询事项

一、本星期四署长拟来厂视察试造情形，本厂对试造经过及结果，届时应逐详解释，请工务处方面先事准备。

荣主任　本厂各厂房设备署长已参观数次，此次拟请署长莅临实施作射击试验，请予核阅。

主席指示　届时总务组应派员及渡船在对江下干迎候。

六、当局严令禁绝吸食鸦片，本厂防止职工吸食鸦片未悉如何办理！

姚课长　关于新进职员均填具不吸食鸦片烟毒切结，并由直属长官负责

62

63

證明被呈署（再行切結）

主席指示：應由各主管人員嚴密調查部內有無吸食鴉片人員，如有形跡可疑而不能獲其證據者，可交付醫務課調驗。

三、本處呈准在敘瀘師管區撥領新兵百名，前派程分隊長前往接領，迄今尚未領到，已否再派員前往？

郭隊長：已加派班長二名前往。

四、各廠鑰匙已否另交一份與值星官保存？

盧主任：各廠房鑰匙已交來一份，由值星官保存，惟保存放鑰匙之小皮箱正在請辦中。

丁、提議事項

63

64

一、會計組提議：警衛隊士兵嗣後如因病請假，應具醫生證明書，以杜藉

新隊並免影響伙食招鋪上之困難，當否請公決案

議決　原則通過。

二、會計組張主任提議：供應部所需輔幣，擬請利用本廠軋銅殼所餘

前以電彥雲兄　前經丁廠指定兩千元，現以需富五分及一分

之鉛料約可製一千元，如另需鑄幣材料

之廢銅軋製五分輔幣十五萬枚，利該社營業找零需要，請　公決

總以本廠及二十五廠營業採購處概需為限於許可

此項材料應撥付補救

案

請二十五廠供給廢銅，由本廠自行刻字

議決　改軋五分及一角者，各十五萬枚，並需再撥

一分乳一枚

三、會計組張主任提議：上次會議決定將工務、土木二組材料由各該組自行

保管，惟分劃以後賬務登記頗感困難，可否將土木組材料仍由材料

以有

前有失去之鐵數十二宗

庫保管，以資統一，當否請　公決案。

理、收發手續紛手失敗

60

65

議決　由工務土木二組會同商後決定。

四、工務組營主任提議：通民廠嘴便門業經遵照規定時間啓閉，但各戰工向廠外購物頗感不便，可否請福利組調查合作社所缺物品設法補充，以減少職工向民廠嘴購買物品之弊，提請公決案。

議決　由福利組合作社統籌辦理。

五、工務組李代課長提議：每逢星期六各廠工人於下午三時即行放工，而本處合作社須於下午五時開始營業，致住居廠外之友，購買物品頗感不便，請設法補救案。

議決　此後合作社下午營業時間改為下午三時至七時止。

六、會計組張主任提議：本處在編制未擴充以前，往用職員者之一

65

66

時無缺可補，即借用司機名義等，現新編制業已呈准施行，此項缺人員擬請加以調整，當否，請 公決案。

議決 通過。

七、工務組榮主任提議：箱置組押運兵前以無缺可補，即借用工人名義，惟在加工以後，彼等均要求同樣益并，致所領工資竟較押運員為[illegible]，應如何改良，提請 公決案。

議決 由箱置組將押運兵名義設法改更。

八、土木組胡主任提議：查組長會議前曾議決在工務土木二組至住宅區之十字路旁，豎立關於福利方面之佈告牌一塊，迄今仍未實行，應如何辦理，提請 公決案。

66

議決　由福利組辦理

戊、主席交辦事項

一、關於研究生活指數，應以食米為主体，盧主任所提調查各同仁日常生活開支列表統計一案，可試行之，備參考。

二、在此電費昂貴之時，本處用電應極力節省，減可否將路燈[illegible]植物油灯，由郭隊長研究後呈報。

減少衛兵、[illegible]

三、所有歷次處務會議議決案件，其實行與否，應由總務組列表統計呈閱

己、散會

主席

67

68

記錄 吳新周
朱鸣民

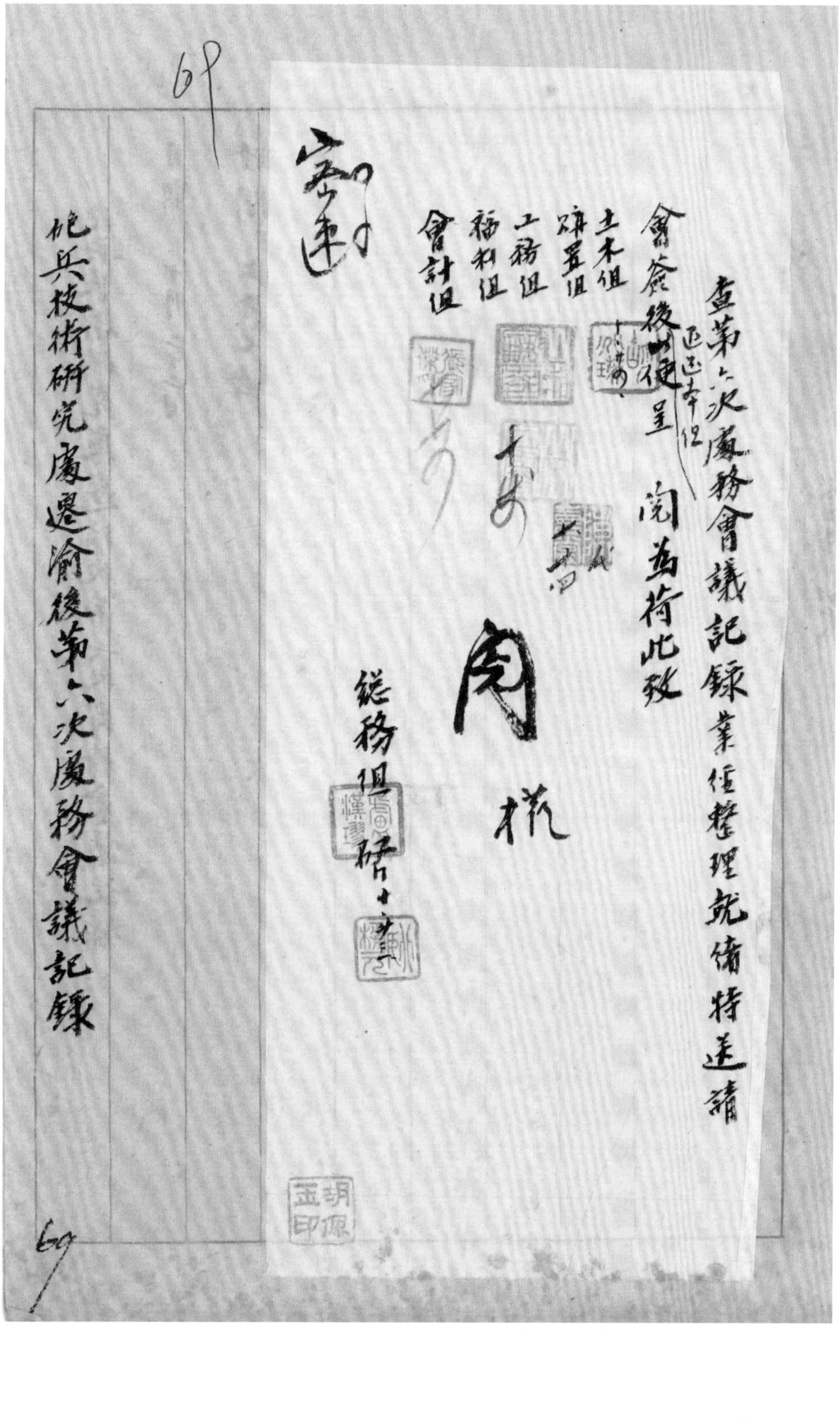
查第六次處務會議記錄業經整理就緒特送請

會簽後送呈 閱為荷此致

土木組

購置組

工務組

福利組

會計組

總務組啓

砲兵技術研究處遷渝後第六次處務會議記錄

70

砲兵技術研究處遷渝後第六次處務會議記錄

日期　十月二十二日

時間　上午七時

地點　總辦公廳會議室

出席者　莊權　黄水德　胡[illegible]　陳[illegible]
蔣其悠　沈[illegible]章　陳[illegible]　[illegible]
李維廷　王毅　劉世達　[illegible]
潘[illegible]　雷學哲　熊明宗
鄭[illegible]榮　陳志[illegible]　[illegible]　[illegible]
薛[illegible]　張[illegible]瑞　姚[illegible]元
金仲賢

70

71

列席者　蔣璜　陈新

主席莊處長　　記錄吳新周

行禮如儀　　　朱深民

甲、報告事項

主席報告

(1)本處新編制業已頒下，[illegible]種設施本處尚未實施，新編制[illegible]

[illegible]此新[illegible]各組內部[illegible]行政[illegible]

暫照舊組織至十一月份止，新編制[illegible]其日期[illegible]時當

另行公佈，惟各組用人方面儘可照新編制添補[illegible]

此次實行新編制，全處同仁除以年資相差較遠者外，餘幾

一律擢升一級，深望各主管人員督率所屬，勵精圖治，使一切

事業走入正常軌道，尤望各位徹底了解合作精神，並

71

合作为服务之先决条件，彼此精诚合作，庶几摩擦减少。照本厂目前情形，福利组、会计组及警卫队三部份最易引人不满，以其业务与各个人之利害最有关系，或负供应生活物品之责，或负[illegible]

故动辄闹[illegible]。其他人实则此系彼等事务上[illegible]

[illegible]无可避免。各部唯有切实谅解，从旁协助，[illegible]

二、责任

各部分对个人之业务不能任意阻碍，我们身为公务员，尤以兵工如当[illegible]

时期之[illegible]亟须严守纪律及具有良好之私德，方能完成当前之大任务。此望诸君以此语作为我们互相劝勉。

[illegible]

(3)值星及值日官规则业经修正，其工作效率虽已[illegible]改进不少，但离吾人之理想尚远。现值星及值

73

日記事簿已改用表格式，其中建議一欄尤應詳為記載，此（將本會興革之宜）
項記載是否確實而有採納之价值，即以此為各員年終考績之根據，再值日生值日記事簿內之建議一項改今
後可在本會議提出討論。（十）本處職工於公餘之暇毫無娛樂
現知先提倡体育，從運動着手，已與重慶大學洽妥，不
論籃足球田徑賽及其他運動，每週該校均可派員來處指
導若干次，請各位盡量提倡。

盧主任報告 查目前收文分組均由本組文書課將主管及關係組用木戳分別
刻明，自文書處理程序更改後，每一收文僅列明主管組，而此項文件
到達主管組後，應否分送他組會簽及呈 處長核閱，均須由
各該主管組判明性質分別办理。近查某種文件係甲組主

73

74

管與乙丙二組亦有關係但經本組分往甲組後甲組主管人員往往僅在擬辦欄內蓋一私章或批明歸檔二字並不分送關係各組核閱（又性質重要之文件如上級機關頒佈重要法令及有關製造業務之文件）即爲無須辦理亦應呈送 廠長核閱後歸檔目前此項手續亦多忽略嗣後除收文應辦之件外凡無須辦理之文件擬請注意下列二點㈠性質重要之件並須由關係各組會簽者擬請主管組於擬辦欄內書明送某某組查核並呈 廠長核閱後歸檔等字樣（無須會核者僅書呈 廠長核閱後歸檔）㈡尋常文件須由關係各組會核者擬請主管組書明送某某組查核後歸檔等字樣（無須會核者主管組並可逕書歸檔

75

等字據、文稿、案卷）應就文書處理手續、可資完備、而免

疏漏之虞。

乙、主席逐一詢問上屆會議之決案暨指示各點辦理情形（略）

丙、主席諮詢事項

一、自電力公司被炸後本處各廠工作用電是否受其影响？

蔡陳主管員　本所大機器均不能開動

主席指示　應由水電所派員前往電力公司調查究於何時可以恢復供電然後[illegible]謀補救辦法

二、本處所出砲彈銅殼底部尚未刻有廠徽及出品年份應設法加刻。

榮主任　刻字鋼模已請二十廠代刻並向業已製就

75

76

主席指示：由煩置組派員前往領取。

三、本廠管理清潔工作應由何部担任？

盧主任：係事務課担任。

主席指示：1. 關於廁所清潔，應由事務課指定專人每日督率清潔伕掃除。

2. 廁所糞便仍由農林室清除。

3. 廠房道路由各廠房分派小工掃除，其餘部分仍由事務課任之。

四、前派警衛隊班長二名，加入警察局消防總隊受訓，目下已否前去？

郭瑜隊長：今日已準備前往。

五、收買民窑事已進行至若何程度？

76

陳主任　正在估價中、

六、東南隅征地範圍内房價及拆遷費，業已全數發清，業戶已否全數遷出，

胡主任　大多已遷移，惟田菸農一戶未及拆遷完畢，而該處地基本組

正在洽待開

主席指示　四警衛隊上眾督催拆遷

丁、提議事項

一、工務組榮主任提議　本處防護團職員，擬請重行指派，當否請

公決案

議決　由文書課先行支配後呈　核

~~主席指示胡主任提議本處既有防護團之設置，關於空襲時~~

此案未成立 稽律注

78

一切措施應由鼓勵[illegible]著手，[illegible]似可暫不過問，當否請

公決案。

議決：由[illegible]擬定辦法呈核。

三、工務組榮主任提議：本廠路灯裝置向無整個計劃，擬請指定專人統籌支配，藉節電流，當否，請公決案。

議決：由工務組福利組暨警衛隊三部份會同辦理，並指定吳主管員增耆主持其事。

四、工務組蔡主管員提議：本所引信彈頭等在製成以後即送大工所裝配，擬請另建半成品庫，俾裝配不及時，便於存儲案。

議決：引信彈頭壹仟製成，除必需部份外即另運送大工所裝配，其餘部存備，不另設半成品庫。

南廠以[illegible]裝配不及時，再在廠房空地架搭房屋存儲

五、工務組陳主管員提議，住居廠工人在工作時間偶染疾病，祇以通廠外之便门緊鎖，不能即刻回家休養，擬請補救案

議決　可立即報告廠長或值星官，請發臨時通行証，俾得便门開啓

六、工務組王主管員提議，本所於試驗射擊時，擬請警衛隊派兵巡查，或俾免意外案

議決　通過

七、警衛隊郭隊長提議，士兵添置掃被，併儘可名添置（最近撥師之數）抑照編制額添置請　公決案

議決　照現在需要添置。

80

戊、主席交辦事項

一、各防空洞及各便門鑰匙應交一保值星官保存。

二、本廠軽便鉄道在龍洞灣一段目標顯著，其兩旁應架搭防空網掩護，由土木組會同農林室辦理。

三、對江化龍橋碼頭應予修理，可會同附近各廠商討後再請市工務局主其事。

四、廠内時有死亡之人，應另覓[redacted]葬地點設一公墓，由土木總務兩組辦理。

五、山洞工程於本年底即可完成，今後機器即可装入洞内工作，[redacted]關於工人入洞工作之衛生問題

各位切實研究[redacted]

六、梅雷諾司機待遇可照工人[redacted]

80

七、各部所應修理之房屋、可先估計後於下次會議提出、

八、棉花一項福利組應設法大量購儲、

九、檢驗工程高其身份一節擬向童委請工務組研究決定

十、工務組所擬添造之房屋、請會同土木組商討決定

十一、住宅及宿舍均感不敷急須添造、所不敷土地面積宜速征用民地由總務土木福利三組會同辦理、

已散會

主席

記錄 吳新周
朱卿民

兵工署炮兵技术研究处迁渝后第七次处务会议记录（一九四〇年十月二十九日）

82

查第七次處務會議記錄業經整理就緒特送請
會签（逐還本組）以便呈閱爲荷此致

土木組 十廿二
繪圖組
工務組 十一
福利組
會計組 十一

案卷

總務組啓 十卅

中華民國廿九年十一月四日 發出

砲兵技術研究處遷渝後第七次處務會議記錄

83

砲兵技術研究處遷渝後第七次處務會議記錄

日期 十月二十九日

時間 上午七時

地點 會議室

出席者

莊權 吳欽烈 [illegible]

[illegible] 郭[illegible] 陳[illegible]

[illegible] 張[illegible] 列席 [illegible]

[illegible] 陳嘉棠 蔡其恕

陳[illegible] 胡[illegible] 列席 李維[illegible]

[illegible] 劉世[illegible] [illegible]

[illegible]

83

主席莊處長　　　　記錄　吳新周　朱潔民

行禮如儀

甲　報告事項

主席報告　本處前以土木組人手缺乏，對續征民地面積無暇自行測丈，經備函派陳組員新[illegible]前往軍需署營造司洽商，請該司派員來處代測。茲據陳組員報告，該司所有測繪人員均散在各地工作，目下已無員可派。現本處征地測量事宜，擬改請兵工署建築委員會代辦。

工務組蔡主管員報告　(1)機工所自下月起須出品二公分砲彈一千發，則工人方面，彈頭部缺技工三名，銅殼部缺技工三名、小工四名，引信部則缺技工十名

84

如欲兼做擦槍器，則工人更須添僱。（乙）關於檢驗課方面，僅二公分機件樣板一項，共需九十餘塊，此項樣板並應備有二付，一付備本課檢驗，另一付備廠房方面檢驗，現請二十廠代製者已送到五十塊，連同本廠自製之二十餘塊，共有七十餘塊，惟五十廠所送到者，發現其中二十餘塊與本廠自製者相同，故實際尚缺四十餘塊。

乙、主席逐一詢問上屆會議之決案及指示各點辦理情形（略）

丙、主席諮詢事項

一、警衛隊最近向敘瀘師管區撥到新兵百名，以補充兵額之不足，今後該隊之整訓計劃如何？

86

郭隊長　此項新兵百名，於領回之時，中途曾逃去一名，故實際僅九十九名，同時擬將原有之班長二十餘名加入，合計約一百十餘名，另行編成一中隊，至訓練期限原定三個月，現以感覺衛兵人數不敷分配，擬再將訓練期限縮為二個月，以便早日服勤務。

主席指示　新兵於訓練完成後，其駐防地點可不固定一處，應隨時互相調防，應全廠地形每一士兵均須熟悉，再警衛隊照編制添置被服裝具及其他等品，應編列預算呈核。

二、本處此後如有離職之員，文書課應迅即通知合作社，俾該社憑以停發該員之購米証。

姚課長　凡遇職員離職，本課向例均通知統計課，該社似可逕向統計課接洽。

主席指示　現福利組內部尚未充實，暫仍以通知合作社為宜。

86

~~二、[illegible]本日煌店長、[illegible]春[illegible]時至十一時，而[illegible]隊職工稍但無依工作時間，有無[illegible]~~

~~[illegible]上任各工人於到達做工後，[illegible]上午[illegible]時間，[illegible]其工作時間[illegible]~~

三、前曾規定凡本處職工伕役及眷屬出入廠境，須佩帶證章或符號，已否切實遵行。

郭隊長　多已遵照懸掛證章或符號，惟工人方面間有佩於不顯明處者。

主席指示　此後無論職工伕役眷屬，應一律佩帶證章或符號，並應佩於顯明之處。工人方面請工務組切實告誡。

四、輕便鐵道兩旁培植事宜，已否着手進行。

金服務員　現時氣候不宜植樹，擬自下月起，逐漸於鐵道兩旁補植樹木。

胡主任 龍洞灣一帶，本組尚在工作，暫時不能植樹，為治標計，惟有在空襲時臨時鋪樹枝於鐵道上以資掩護。

主席指示 空襲時可暫鋪樹枝等於軌上以資掩護，所有採伐及鋪設等亦由警衛隊及購置組運輸分任之。

五、引信之實地射擊結果如何？

主管員 已將引信二十枚作實地射擊試驗，其中百分之十八有結果頗為良好。

其餘[redacted]性二枚大較差，枚尚待改善。

下[redacted]討論事項

一、會計組提議：本廠建設經費未能結束各案，應如何了結，提請 公决案。

88

議決

1、新章付款案可赴部調查中情形後，再謀結束辦法。

2、百祿銅料請購置組陳主任協助辦理。

二、工務組提議：本處火藥存儲山洞內，擬請警衛隊派兵看守，以防不測，當否請

公決案。

議決

1、今後本處火藥存量以備三個月之用為限，其餘擬請兵工署指定庫所代存。

2、現有存放火藥山洞，殊不合用，應另行開鑿，其容積之大小

本組可會同工務組王主管員商洽決定。

3、現存於各山洞之火藥，由警衛隊派兵守護。

三、工務組陳主管員提議：敝處職員住居單人宿舍者，因早晨六時上班五時

由李保生行通知

90

左右部須起身惟當時天尚未明請開放電灯以便盥漱及整理被褥案

議決 通知警衛隊單人宿舍電灯於每日早晨五時至六時開放一次

四、工務組吳主管員提議本廠自來水池近來修復後向各戶用水不加節

省，致每遇空襲當本公司綫路被炸後汲水困難用水常發生

應予另行補救案 請討論

議決 一、土木股將滲漏水池從速修理完固

二、住宅區方面規定每日上午七時至九時下午二時至四時各開放自來水一次

暫時閉補書

五、警衛隊郭隊長提議本隊新招士兵以來自鄉村囿於智識每患疾

病多服中藥此項藥費可否由廠方開支以輕士兵負担案

90

議決：士兵患病以服西藥為原則，並由該隊加以開導，糾正其錯誤思想。

戊、主席交辦事項

一、自十一月一日起總辦公廳（總務組暨福利會計四組）辦公時間改為上午七時至十一時半，下午十二時半至六時。

二、值星值日官務必佩帶紅帶，以資識別。

三、三十年度建設經費預因興工務土木二組關係最切，但其他各組亦欲添造房屋及補充設備等之估計約數，請總務組彙編預算，並會計組編總預算，並仍候十月底辦妥呈署。署方允當將需要範圍酌量伸縮以予

四、關於運動一項，重慶大學方面已於昨日起派員來處指導，請各職工住盡力提倡。

五、此後請各處職員及錄用之人應填具其家屬情況表，其家屬人數及居住地

92

點。九、應確切填明。

十、本週值日官胡主任報告記得載廠境內路燈疏密不一，又工人宿舍燈光太暗，應分別改善一節，此事請水電所、警衛隊及勞工課注意。

十一、散會

主席 吳新周

記錄 朱康民

92

兵工署炮兵技术研究处迁渝后第八次处务会议记录（一九四〇年十一月五日）

93

砲兵技術研究處遷渝後第八次處務會議紀錄

急速

查第八次處務會議紀錄業經整理就緒特送請

會簽後退還本組以便呈閱為荷此致

土木組

殖產組

工務組

稽核組

會計組

總務組

十一、六

閱

中華民國廿九年十一月　日發出

93

砲兵技術研究處遷渝後第八次處務會議記錄

日期 十一月五日

時間 上午七時

地點 總務公廳會議室

出席者 [illegible] 蔡其恕 [illegible] [illegible] 李維城 劉世超 [illegible] 吳傑 [illegible] [illegible] [illegible] 郭振鐸 [illegible] [illegible] 張景錫 [illegible] 姚[illegible] 花[illegible] 成棫禪

95

列席者 蔣瓚 陳新

主席莊處長　　記錄 吳新周 朱鄂民

行禮如儀

甲 報告事項

主席報告 小奉 着令本月十二日有陸軍大學學員一百三十五人來處參觀

屆時擬分四批由工務組蔡主管員、王主管員、熊課長暨呂課員

則仁等分頭領導各廠房參觀惟該處不能重複

多領導人員應將本處廠房內機器之配備佈置等為詳解彼等如有疑

問尤應確切解答並請熊課長先擬定參觀程序以期明瞭表

其應臨事有備不致周章失措是日本處並擬對陸大學員

作兵器之講演関於講堂事務課應預為佈置再所

95

有役等午膳及僱用渡船事宜，均委托本處代辦，事務課亦宜另妥為準備。(2)值日值星官記載了簿，現由本席按日核閱，各項記載已較前詳實，不少[illegible]惟其中建議事項，有須即可辦理者，有須經過鎮密考慮或呈備[illegible]後方可辦理者，本席均在記了簿上分別[illegible]批明，現請處主任將[illegible]有關[illegible]逐日分別通知主管部份辦理，其重要者則可摘出提出本會議討論。(3)警衛隊士兵食米規定每兵每日發給二市斗，現據該隊報告，此項數量不足每兵所需，本處本可隨時補充，無如格於功令，不能自由增減，[illegible]派陳忠策、楊葆生二君，前往該隊實地考察一週，關於該隊士兵食米情形，並可

97

[redacted]行派員前往各署局廠[redacted]親[redacted]詢問警衛隊士兵[redacted]伙食問題[redacted]

[redacted]看俟會後再望速議[redacted]俾[redacted]得一適當之解決

乙、主席逐一詢問上屆會議議決案及指示各點辦理情形（略）

丙、主席諮詢事項

一、徵收民地事宜已辦理至若何程度？

盧主任　現正[redacted]籌土木組繪具徵地略圖，以便連同徵地計劃書一併呈請兵工署會轉[redacted]行政院公告。

蔣技術員　關於徵收民地測量事宜，本組係請兵工署建庫委員會代測，據該會儲先生稱須先與當地保甲長接洽妥善後方可前往[redacted]測丈，否則恐引起人民之誤會云。

97

98

主席指示

此事應由總務處土木組須取得聯絡，不可彼此推諉，務宜本週內辦妥。

如有手續不明之處，可詢問建庫委員會陳副主任竹檢。

二、存火藥之防空洞，已否派兵守護。

郭隊長

已派兵守護，並責成各分隊長對此點特別注意。

主席指示

防空洞之鎖匙及洞門之開閉，應由材料庫自行負責，警衛隊祇負守衛責任，自此後往各山洞提藥，須派職員偕同工前往提取，放工以後，並應由材料庫檢點洞門，是否關鎖。

三、第二防空洞存有火藥，其二鑰使門之鎖匙係由何部管理？

榮主任

第二防空洞共有三個出入處，引信部一處，尚能容納空襲時避難職

98

99

一、故鎮匙由引信部管理，火工所一段由火工所管理，至堆存材料之一段，劃由材料庫管理，此後並擬將洞之中间一丙古圍開，以兩廠间防

主席指示　可將中间即予一丙古圍開，兩廠各段自行負責管理。

丁、討論事項

一、工務組勞工課提議，查工人對保手續向由事務課派員辦理，現各廠工人日增，對保手續益形繁冗，前以事務課員役不敷支配，即改用書面對保，迄今流弊滋多，請設法改良案。

議決　由該課自行辦理。

二、工務組勞工課提議，工人食堂不敷容納，擬請設法補救案。

議決　將工人開饍時間暫分二次，第一次為各廠房工人，第二次為未[illegible]及

99

運輸隊工人。

三、工務組勞工課提議工人染病其特效藥費用擬請仍由處方開支以輕工人負担案。

議決

1、仍以收費為原則，如經醫師確認須應用某種特效藥品者，得免收費。

2、如遇病情疑難不易確定，而本廠醫院限於設備不能醫療者，應迅即送至他醫院診治。

3、警衛隊士兵得免負担醫藥費。

4、請劉醫師先估計常用藥品半年之存儲量，再函由昆明辦事處購買。

四、工務組榮主任提議：本處醫院設備未週，擬請與外間著名醫院約定，凡遇職工染病，其病狀不能確定者，即送往檢驗，俾利診治，當否請

公決案

議決：通過

五、工務組榮主任提議：各廁所清潔，前經議決由事務課派員管理，迄今仍未遵行，擬請另行規定辦法，以重公眾衛生，請討論案。

議決

1. 各廁所糞便由農林室規定清除辦法，轉飭佃戶常往挑取。

2. 遇廁內糞便積滿時，各該所應隨時通知農林室清除。

3. 本处整個清潔事宜，由事務課組織清潔班加强管理之。

102

六、警衛隊郭隊長提議：本隊士兵添購棉被所有棉花布疋，擬向農本局購買，業經填具請購單，請從速購買案。

議決

棉花布疋除警衛隊需用者外，福利組應設法大量購買存於合作社，以備職工零星備用。

戊、主席交辦事項

1. 各部份新進工人所扣工資，應送工務組審核，以免紛歧。

己、散會

主席 吳新周

記錄 朱崇民

102

兵工署炮兵技术研究处迁渝后第九次处务会议记录（一九四〇年十一月十三日）

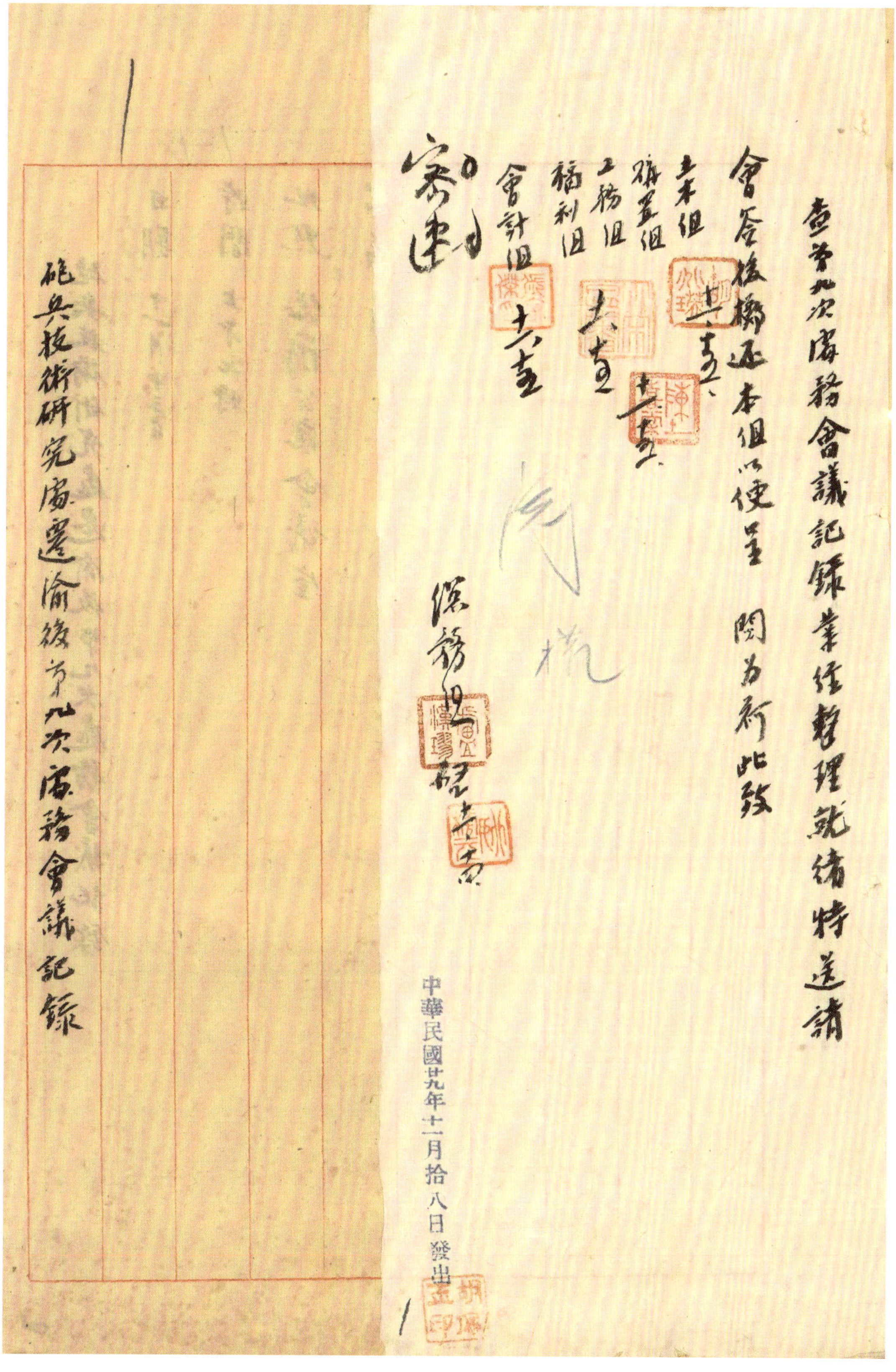

查第九次處務會議記錄業經整理就緒特送請
會簽後轉還本組以便呈　閱為荷此致
土木組　十一.十五
購置組　十一.十五
工務組
福利組　十一.十五
會計組　十一.十五
密速
總務組　啟　十一.十六

中華民國廿九年十一月拾八日發出

砲兵技術研究處遷渝後第九次處務會議記錄

1-1

砲兵技術研究處遷渝後第九次處務會議記錄

日期　十一月十三日

時間　上午七時

地點　總辦公廳會議室

出席者

莊權　黄飛鸞　[illegible]　[illegible]

劉世達　李維道　胡[illegible]　陳[illegible]

陳冠　王[illegible]　陳[illegible]

郭根芸　[illegible]　張景瑞

[illegible]　[illegible]　[illegible]

吳[illegible]　姚[illegible]元　張[illegible]

陳[illegible]

2

主席莊處長

記錄 吳新周 朱際氏

行禮如儀

甲報告事項

主席報告 (1)日來值星值日官建議頗多，語中肯並極詳盡(有獻加法)，裨益

於各部(份)工作之推進(實或減鮮)。此乃本處良好之現象。又查建議事項中，

之有價值者，多係(低級)職員所(提出)，蓋彼等處於客

觀立場，平日觀察較為正確，祇以地位關係，不使向長官明

白陳述，(現拟藉值日機會表達其意見，使下情不致壅蔽，於本處實為最善) ~~僅此機會以申其意見~~ 故身為主管者，凡興辦一

事，先尤宜審慎(致慮以期善洽輿情)

(2)此後值星官，每週內應輪流往各廠房實地考查其整

2-1

潔，並於上工及放工時觀察其秩序。~~四、警報者需立主管~~ 被

~~一、地位不易暴露之點，值星室設處應~~ 吹號警告

點。(3)近奉署令關於防空事項須預為措置，茲擇其較

大者數點述之：甲、建築房屋面積須縮小，不得超過一百公

尺；乙、廠房與廠房間距離以五十公尺為度，並加偽裝；丙、大道及

沿江碼頭須加以偽裝；丁、偽裝方式絕對避免一律，並不得採取

直線式；戊、防空洞岩層厚度堅石四公尺，鬆石六公尺，堅（鬆松土無須加砂石壞三公尺）

土九公尺，每一防空洞須有二個以上出入處（方向不同之），洞門二十公尺以內

禁止建築；以上數點，土木組、警衛隊及運輸隊須注意。

(4)本廠所請潔問題，前曾議決由事務課組織清潔班，籍

4

3

理，茲特另行規定辦法如下：自總辦公廳至土木組一段之廁所，由事務課派清潔伕掃除，其糞便仍由農林室清除。其餘廠房區域及工人宿舍之廁所，除由農林室通知佃戶在出糞時同時沖洗清潔外，平日則由各廠房派小工打掃。

乙、主席逐一詢問上屆會議之決案及指示各點辦理情形（回答）

丙、處主任宣讀摘錄上週內值星及值日官建議事項（略）

丁、主席諮詢事項

一、本處醫務課所存藥品有無詳細賬目，每次醫師代交是否將各項藥品逐一點交？

張主任：請進藥品數量，係根據發票入賬，至消耗數量

5

3-1

知悉。根據醫務課刁藥遇醫師所開處方簽之號數，統計

劉醫師

在胡醫師移交時，所有藥品均造清冊點交

主席指示

八、由會計組派員前往醫務課詳查藥品帳目

九、奉署令拜呪藥廠有藥品一批出售，檢附詳單一份下廠

單內各項藥品本廠可將需要者開列詳表，請速價撥，或本廠需

要而單未列者亦可開單，請署代購，經以由醫務課提出速

辦理

二、前據土木組報告，本廠工程自發包以後，磚瓦一項包商可自設法燒造，故將瓦磚改由公家收買

聞磚瓦價格日趨高漲，而本廠新工程之需用磚瓦為數甚多，不識包

商購買有無把握

6

4

胡主任　瓦窑若仍予保留，則於本處工程之進行自當便利不少，前以瓦廠一帶警衛困難，暫時遷至商所，需磚瓦已能自給，為便利警衛計，故有收買瓦窑之議。

指示：本處新工程所需磚瓦，統由土木組估計呈報。

戊、討論事項

一、購置組提議：本處現在購入材料，須先驗收及點收，手續不便殊多，擬行查購入材料或領運材料先行交庫點收一節辦法，當否請公決案。

議決：大宗材料購到或運到時，先由材料庫指定地點點收。

乙、工務組工政課提議：解僱工人伙食費，擬請由出納課代扣案。

7

4-1

議决 似由工政課將解僱工人應扣膳費在離廠通知單上詳細填明，并通知會計組照扣。

5.工務組蔡主管員提議，解僱工人往往不將工資結算清楚即行離廠，致積存出納課之工資為數殊多，惟前項工人有未將膳費或私人借款清償還即行離廠者，應如何辦理，敬請討論案。

議决 由會計組召集工政及出納二課商定前項未領工資處理辦法。

4.工務組工政課提議，忠恕沱小街居戶複雜，品類不一，聚衆賭博，事所恒有，擬請設法維持秩序案。

議决 1.警衛隊派兵前往維持秩序。

8

乙、土木组将包商工人严加约束。

丙、出示佈告，严禁赌博，並禁止開設小铺、茶館及麵館等、

五、工務组水電所提議，電灯费自九月份起每度增至五角五分，为减轻同仁负担起見，住宅规定各住宅每月用電度数如下：

甲種住宅　四十度　　乙種住宅　二十度

丙種住宅　十八度　　丁種[及戊種]住宅　十二度

己種住宅　八度　　以上所规定之度数，拟請自十月份起，照電力價收费，如用電超過上项限度时，其超出之费，仍照電灯價收費，當否提請　公决案。

議决　通過，並由福利组通告各住宅

9

5-1

6. 總務組處主任提議：擬請將單人宿舍清潔及維持秩序等事宜，就職員中自行推定人員輪流辦理，當否，擬請 公決案。

議決

1. 清潔及管理勤務事宜仍由事務課負責。

2. 職員中所推出之管理人員[illegible]維持風紀之責，相連事宜由會同仁福利會負責人計理姚課長辦。崇貴

已、主席交辦事項

1. 新進工人入廠考試手續，宜考試工務章。

2. 署屬各廠派員來廠工作者，應備來賓證，由事務課[illegible]。

3. 路燈開放時間每晨改為五時至六時為[illegible]。

4. 各職工不得[illegible]證章或將證章借人使用，若應互相檢舉。

10

6

5. 水電所背面木門已經難開閉，由工務組派員調查後另行計劃

散會

主席　吳新周

記錄　朱潔民

11

兵工署炮兵技术研究处迁渝后第十次处务会议记录（一九四〇年十一月十九日）

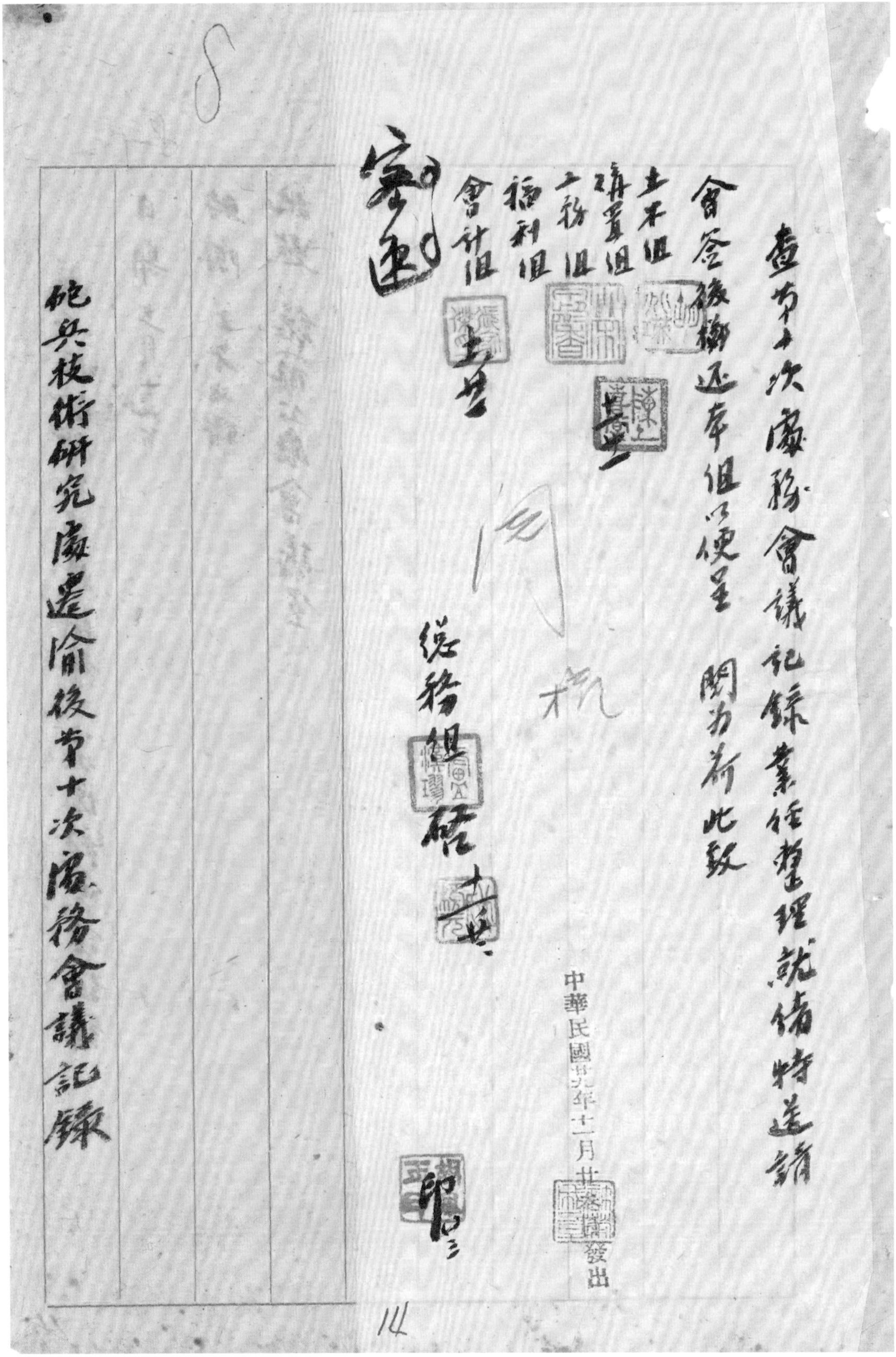
查第十次處務會議記錄業經整理就緒特送請
會簽後擲還本組以便呈　閱爲荷此致
土木組
購置組
工務組
福利組
會計組
總務組啓
中華民國廿九年十一月廿日發出
砲兵技術研究處遷渝後第十次處務會議記錄

8-1

砲兵技術研究處遷渝後第十次處務會議記錄

日期　十二月十九日

時間　上午七時

地點　總辦公廳會議室

出席者

莊權　章鼎銘　陳嘉棠　孫學思

陳仰先　[illegible]　王家驥　(到席)　李維廷

重[illegible]　余協和　[illegible]　劉世達

吳欽烈　盧學孫　姚楨元　[illegible]

張景鶴　陳品瑩　蕭[illegible]

周機　[illegible]　張[illegible]　[illegible]　明[illegible]

郭根業

15

主席莊廠長　　記錄吳新周

甲、報告事項

主席報告

（1）查組屋[illegible]值日官[illegible]伙食，以由各方供給者[illegible]因[illegible]（當時）全同仁均住（居）廠外，為回家用膳勢必影響當日任務，現時各同仁大多已住居於廠內，均可回家用膳，所有值星值日（官）膳食津貼應可酌予取消。（2）[illegible]聞有少數人將本廠購作米轉售外人以圖作利，此種行為實屬舉辦事業福利之大障礙，應徹查嚴[illegible]總之此種弊端之發生，因以往未對全廠戶口之調查統計未臻確實，茲為正本清源計，擬先由各單位抽派若干人分別調查全廠[illegible]我工員役及眷屬人數[illegible]，俾求正確，並作嗣後發配[illegible]食米之根據，所有調查人員姓名由本人發表

16

9-1

料驗收事項，尚有研究之處，其最應改進者，厥為時間耽擱
過長，為提高工作效率計，惟有將驗收時間盡量
縮短，再驗收方式與現在實情亦已不適合，自應更改
改針對方法，以符環境，復驗收
俾從速運料，查對材料質量，對照帳目，會同材料庫
由稽核組同時通知請領部份驗收貨單，另通知
點收數量，即送會計組根據審核單據，以免去交表批示之手續，以求快速
本廠各項開支於三十年度本廠建設經費概數，已…
本廠本年度建設經費，已自核為二百五十萬元，但預算…
用此項經費，須有詳細之計劃，…署…仍不能

會計組
張主任報告

17

10

請領勃支

主席指示

署方現雖規定本廠卅年度建設經費五二百五十萬元但為本廠事業[illegible]日有進展，指定[illegible]有款項確[illegible]不敷應用時，署方當再為籌[illegible]（指撥言之本廠整個事業固不能因經費範圍，故有供求滯但為耗公家一分財力於事業上即應表現一分成績俾款無虛糜）

該組請工務組會同各主管人員[illegible]根據[illegible]領表（目前按 業進司 表）

武擬定每三個月之工作進度呈核

文書課

姚課長報告

本廠合作社係由福利組事業課兼管（擬）倘有合作社工（照例該）作人員（應由）須[illegible]事業課抽調担任（惟事業課編制僅有廿人猶）

[illegible]織廠辦事他福利事業[illegible]實際凌亂支配以後合作社添人[illegible]事業課本身編制[illegible]人[illegible]

[illegible]須向他組部份借缺再擬（共）（擬由）署方規定[illegible]

本廠合作社所用職員亦係向各單位內抽調若干人担任之

18

(10-1)

乙、主席逐一詢問上屆會議之決案及指示各點辦理情形（略）

丙、盧主任宣讀上屆週值星值日官建議事項（略）

丁、主席諮詢事項

一、值崗士兵不知口令，在崗亭內瞌睡，值日官時有報告，其情形究竟若何？

郭隊長　士兵之不知口令，實因錯識，所得我隊對每日口令在傍晚士兵值勤之前均個別詳細告知，無如彼等事過即忘。至瞌睡一節，或以本隊人數少，士兵每日值勤時間較長，疲乏過度所致，然值日官每次僅指出地點，而未詢明士兵姓名及其值崗時間，本隊實難徹查。

119

主席指示　今後值日官巡視時如再遇衛兵不知口令及查崗亭内睡覺者，應記明其姓名及值崗時間。

戊、討論事項

1.主席提議購置組購到材料常有不合用情事應如何辦理請討論案

議決　1.由購置組先向商號取具貨樣送請購部份認為合用者再行訂購。

2.如遇材料牌號及種類繁複不易辨認時，由工務組派員會同購置組前往採購。

2.工務組蔡主管員提議關於材料驗收事項，在購置組購到後

20

拟請送工作準備課驗收當否請 公決案。

議決

1. 購置組於材料購到後可先填單送請購部份驗收再送工務組主任於單內會簽章。

2. 各請購部份送驗收購到材料材料庫方可發給。

3. 材料數量仍由材料庫點收。

四、主席交辦事項

1. 警衛隊值崗士兵應備有哨子。

2. 輕便鐵道應由土木組統盤計劃以着手修理。

3. 各辦公廳內門窗每晚應由值役均關鎖不准有人擅入由了務

課務須於公畢後注意

12

十、關於傾倒垃圾一項，應指定若干地點，挖掘土坑，以便傾倒，由農林室籌辦。

散會

主席

記錄 吳新周

22

13

查第十一次處務會議記錄業經整就緒特送請
會簽後擲還本組以便呈閱為荷此致

土木組 十一/廿九

購置組

工務組 十一/廿九

福利組

會計組

密件速

閱 杭

總務組啟 十一/廿六

中華民國廿九年十二月貳日 發出

砲兵技術研究處遷渝後第十一次處務會議記錄

23

13-1

砲兵技術研究處遷渝後第十一次處務會議記錄

日期 十二月二十六日

時間 上午七時

地點 總務公廳會議室

出席者

莊權 吴[illegible] 雷學[illegible] 陳志煌

高[illegible] 蔣[illegible] [illegible]

[illegible] 張景[illegible] [illegible]

[illegible] [illegible] [illegible]

姚[illegible] 陳[illegible] 王[illegible] 李維道

[illegible] 刘世達 金[illegible]

24

主席莊處長　　記錄吳新周、朱潔民

行禮如儀

甲、報告事項

主席報告　(1)茲將第十九次廠長會議有關各議案擇其重要者報告如左

a.卅年度工作計劃應極早準備各該出品，並應在有增無減之原則上儘量造繳，再本處所負使命係在製造砲彈，關於代造砲彈，代造工作如有妨害，不能應付，可酌量停止，各項業務可盡量列入，其代理他廠製造者可不列入，本處所接到之飭造令應即整理，預計在本年度底不能繳清者可呈署免造，并過去飭造成品未能及時解繳而事後補繳者遇單價增高時，可照新單價計算，此後遇此情形不再追

14-1

料單價發給。已卅年度各廠遷建費，每隔三個月應列
表送製造司參考，如分期進度表，如發覺所擬計劃不能
實現者，應早為通知製造司。已關於材料單價，過去署方均
照以前估價送交外灘核定，茲已改為照市價伸縮核定，故今後
本處之材料單價，亦應參照市場情形，隨時伸縮。于關於各廠員工生
活問題，經本署規定辦法，凡各廠員工之在廠所在地者，所有代購生（以後經討論補救辦法，俟請示署長後即可決定）
活必需品，規定以廉價加售，其家屬本在廠所在地，而該地生產稀
少者，暫照米煤價格指數，給以津貼，以前所有生活津貼及廉價
除其生活必需品所需折之費，即在各廠經費內撙節開支，
不另核發。

26

2、本廠欲得大量款項以維持職工福利等費[illegible]未滿，唯有[illegible]趕造出（以舉辦福利事業需款甚多，本廠惟有在出品造上盡量增加生產，以取得經費來源）

現二公分砲彈各項機器均已佈置就緒，並經開始製造，惟[illegible]三七（粉名造）

公分砲彈前以機器未到及缺乏之廠房，無從進行，現機器大部已到（年內可運齊）

而廠房尚未建築完成，擬將此（必需之）項機器先行裝置[illegible]山洞內，俾得早日製造（積極籌）

3、本廠昨日前往工人宿舍區域一帶看察，覺可供建

築之土地已甚缺乏，此後未興建之工人住宅改建樓房，自工人住宅須

另造若干所（以應需要），[illegible]優良之工人均擁有眷屬，[illegible]

[illegible]廠[illegible]自[illegible]所指新[illegible]

[illegible]遷[illegible]代用標識[illegible]

[illegible]標識，在本廠[illegible]自十二月一日起[illegible]（各單位辦公及行政方式[illegible]）

27

（秘書室續辦一條）

此節新訂入 [illegible]

15-1

三、新編制實行以前，~~本廠編制擬定卅年一月實行~~改廠日期擬展至三十二年元旦

乙、盧主任報告上週內值星及值日官建議事項（略）

丙、主席諮詢事項（略）

丁、討論事項

~~丁、會計組提議改善衛隊士兵伙食標準，送請當加補發核辦~~

戊、該隊自十二月份起每月根據實有人數造具官佐士兵名冊一份，送福利組，按每人每月三市斗計算，發給米糧一次，由該隊妥為保管。該隊應將差役人數、實用米糧逐日詳細登記，並另抄一份送福利組，於每月終由廠派員審查結算，如發現有記載不實或舞弊情事，直接長官即撤職法辦。

28

2、官佐與士兵一律共食，不得自有以現金購買及截留差餘士兵之米糧。

3、在閣值崗士兵得津貼掃斂一餐，每兵給米六市兩，餘值夜伏候得同樣待遇。

4、各中隊士兵得利用各該隊附近空地多種蔬菜，藉作增加副食之用，但絕對禁止售賣，其種菜地點應由福利組農林室規定，不得混亂。

5、該隊官佐加工墾荒辦法，本廠暫不施行，惟每月得考察服務勤惰，酌量津貼（數目不定），藉資鼓勵。

6、該隊以前所領米量，限本月底向會計組結清，自十二月份起即按上項辦法實行。

以上六項是否有當，敬請 公決

161

議决 通過

一、總務組盧主任提議，據值日官蕭華建議，宿舍電灯早晚開閉時間，擬請另行規定究應如何辦理，提請 公决案。

議决 1、路灯 下午五時半開 上午六時閉

2、宿舍 上午五時開至六時一刻閉。

下午五時半開，十時卅分閉

二、警衛隊郭隊長提議，所有本隊電灯總開閉，擬請改裝於電話室，俾便準時開閉案。

議决 通過

三、警衛隊郭隊長提議，新招壯丁百名，内有体格不合標準者二十名，擬請

30

17

即予遣散或交由農林室充當農夫案、

議決　1.暫撥農林室充當農夫，其起居管理之責，仍由警衛隊擔任管理。

2.所有薪餉仍照士兵待遇發給。

戊、主席交辦事項

一、各處偽裝尚需改進，希有關部份注意。

二、警衛隊士兵合未迭請增加薪餉補發如下

三、據住宅背面山坡傾泥土下，致將填塞水溝，並壓壞水管，應由土木組飭包商挑

四、警衛隊士兵所戴武術等臂章暫行取消，另改用其他記號以資識別　月記俟後再議。

已散會

主席

記錄　吳新周　朱懷民

31

兵工署炮兵技术研究处迁渝后第十二次处务会议记录（一九四〇年十二月三日）

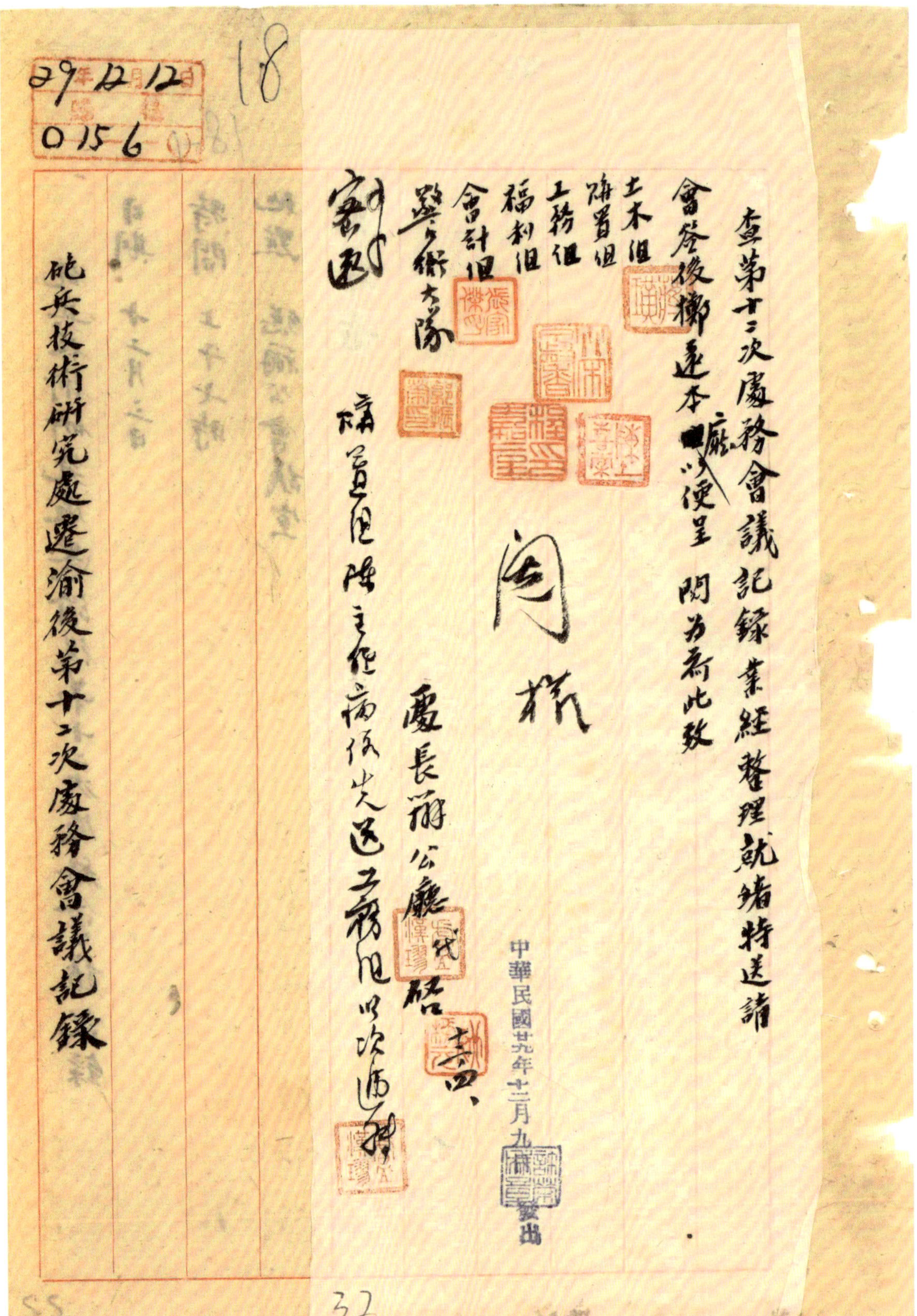

炮兵技術研究處遷渝後第十二次處務會議記錄
查第十二次處務會議記錄業經整理就緒特送請
會簽後擲還本廳以便呈 閱為荷此致
土木組
購置組
工務組
福利組
會計組
醫務大隊
閱
處長辦公廳啓
中華民國廿九年十二月九日發出

18-1

砲兵技術研究處遷渝後第十二次處務會議記錄

日期　十二月三日

時間　上午七時

地點　總辦公會議室

出席者

[illegible]

33

主席莊處長　　記錄　吳新周　朱潔民

行禮如儀

甲、報告事項

主席報告（1）本處福利組現已正式成立，所有各項福利事業自應開始逐步舉辦，其辦理事業之標準約有二端，即安定職工物質上之生活及提高職工精神生活。為安定職工物質上之生活，惟有[illegible]以合作社加以充實，該社現在存貨不多，供應能力薄弱，今後當盡量補充，以使能供應職工日常需要。至於週轉金一項，擬發該社，如墊借後仍可收回者，可盡量墊發，如不能收回者，再從長計議。至於如何提高職工精神生活，方法甚多，一言以蔽之，[illegible]

-84

19-1

不外乎補充職工文化食糧以調劑其精神而已。再福利

事業僅在與各部份有關而舉辦之時又無規章可循致

不易普及，端賴各部份務必熱心以協助，庶眾擎易舉。(2)福利組

前以乏人主持，由本席兼理，惟常以事務紛繁，無暇顧及。

因當時適值渝市糧食極度恐慌，本處為預防採購大批

糧食起見，特成立糧食採購委員會，專負糧食之採購運

輸及保管事宜。現福利組雖已成立，該會仍有存在之必要。

其中尤以糧食運輸及保管二項，決非福利組所能勝任。今後福

利組與該會密切聯絡，共策進行，[illegible]

雙方通力合作，收效自大。又糧食保管至為困難，關於保

35

管技術，該會經充分研究，以免消耗。值星官係代表主席行使職權，凡遇緊急處置自可指揮全廠士兵、工役等。前日空襲之時，值星官指揮運輸隊搬運廠內五件箱子物件，詎該隊違不受命，經值星官開導，始派二三人加入工作，此種情形殊屬非是，除將值星規則修正外，望各位飭屬注意。（4）據土木組報告，警衛隊前曾函請該組派工修築由龍洞灣至老鷹溝內道路，查警衛隊人手無多，在此小工缺乏及土木組趕造各種工程之時，此等工作，該隊可派士兵自行修築（由土木組派員作技術上之指導）。（5）今後本會議於每月初第一次舉行時，應請各部份提出工作報告（用書面或口頭均可）。

乙、主席逐一詢問上屆會議決案及諮詢事項辦理情形（四次）

536

丙、主席諮詢事項

1、自实行新編制後各部份職員均已到齊所有職員住宅待用綦急新造已種住宅究於何時可以完成？

蔣代主任　有三幢已可完成，尚有一幢約一月後可以完工

主席指示　已完成之房屋內電灯、應先期裝置，附近道路亦應從速修理

乙、水塔工程進行至若何程度

蔣代主任　新建水塔工程自包商盛瑞卿潛逃後即無法動工，現擬就原有滲漏水塔加以修理，所需材料正在請購中

榮主任　新水塔地基業已砌平，似可仿照水電所背面水池另建一磚砌

21

新水池

主席指示　可就新水塔〔水池〕址改建磚砌水池

3.出品準備至若何程度

榮主任　上月已造成砲彈零件〔五千〕一萬餘件，祇以引信彈簧尚成問題〔材料不合〕，故未即時裝配，擬俟樣板到後，將零件逐一量過〔完成〕後，再送大工所裝配，估計於本月內連已成之萬件可造成五萬件〔於本月內〕發砲彈之零件

主席指示　本月內〔應〕趕造五萬件（連上月已成者）〔配足〕

4.砲彈箱已準備至若何程度

陳主管員　已做成百隻，現以本處並不立時裝箱〔成〕，故目下正在趕造其他〔應〕用具

38

主席指示　可將木箱發交廠外商家承造

5、砲件箱內有無防濕設備

榮主任　箱內須有白鐵皮或竹箱可以資防濕

主席指示　白鐵皮一項應再估計所需總數量，請署方撥發

6、材料庫另星材料通常準備若干之存儲量。

榮主任　本廠材料庫零星材料係備半年之存儲量

主席指示　應以備一年之存儲量為標準，各所並應將一年內所需之料件數量，從速估定送工務組彙集請領

下討論事項

1、秘書室盧初堯提議，據值日官王心浩建議，職工春節布質符號不甚

雜費，擬請另行更改，究應如何辦理，請 公決案。

議決 另製銅質瓷面證章及身份證，由各員自備價領用

2、秘書室盧秘書提議：據值日官陳俊明提建議，本廠江邊營業渡船均不遵照本廠所規定規章辦理，擬請轉飭主管部份整頓，究應如何辦理，提請 公決案。

議決 1、規定本廠至化龍橋渡船經常須有四隻

2、將所有渡船編定號數，規定每船每日往返本廠江邊龍橋一次，隔二十分鐘行駛一次

3、不論包商及本廠職工均可乘坐，惟以酌收渡費為原則（擬交管理組核辦）

4、先由福利組負責籌辦，俟整理就緒後再移交事務

22-1

課[illegible][illegible]執行

3.警衛大隊郭隊長提議擬請於老虎潭與龍洞灣間成立警衛哨

立班當否請 公決案.

議決

通過.但該班不許常駐該地,每月應調防一次.

戊.主席交辦事項

1.本處煤料事宜應與並江署核料科取得密切聯絡,此項任務指定陳課

長志靜任之.

乙.香港文件搶救工作之進行情形,工務組應每週統計呈閱.

丙.工務組各所每月所完成之工作,請工務組每月列表呈閱.

散會

41

23

主席 吴新周
記録 朱潔民

[印章：吴新周] [印章：朱潔民]

42

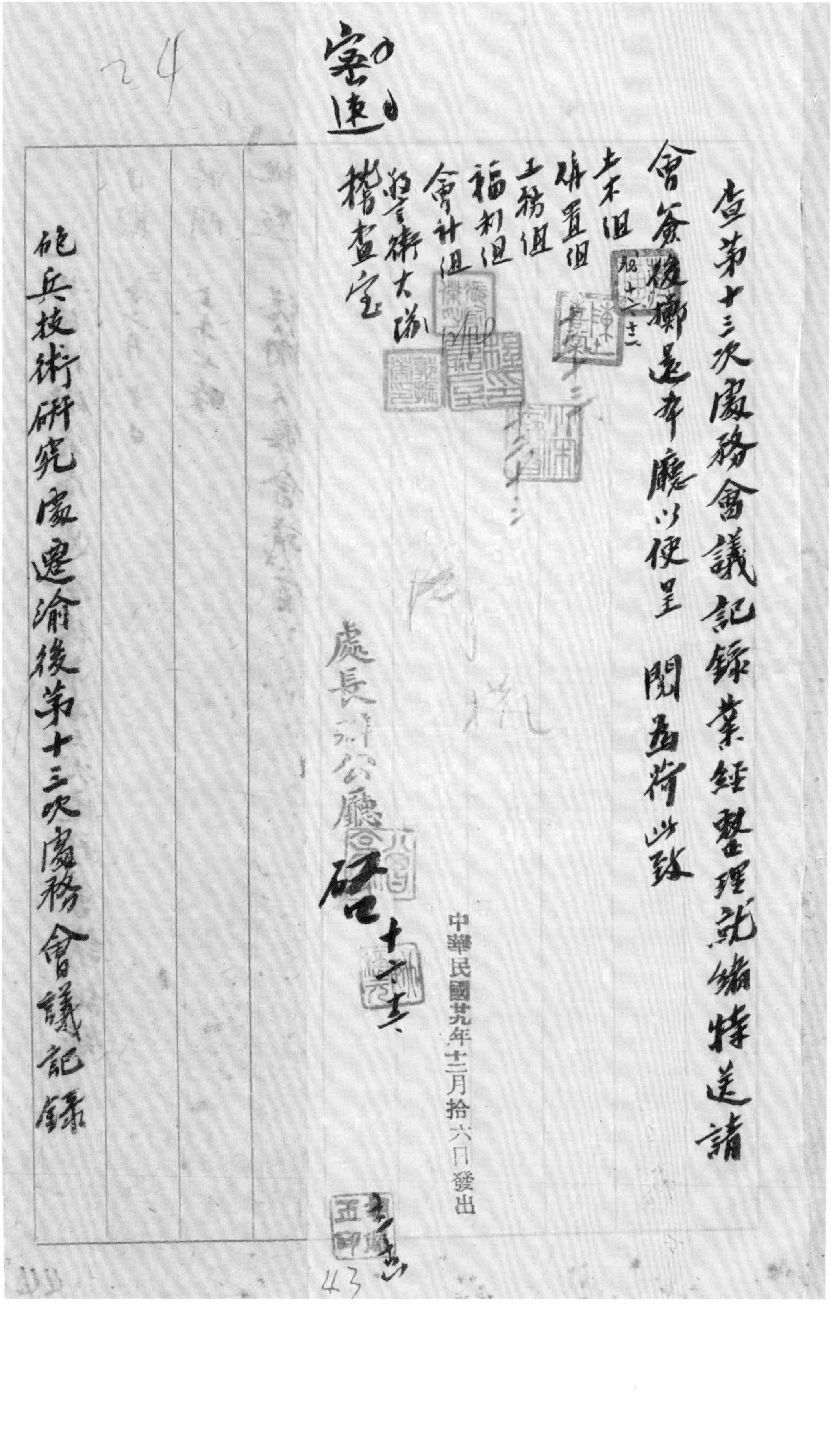
密
速
查第十三次處務會議記錄業經整理就緒特送請
會簽後擲還本廳以便呈 閱爲荷此致
土木組
保管組
工務組
福利組
會計組
警衛大隊
稽查室
處長辦公廳 啓 十二.十六
中華民國廿九年十二月拾六日發出
砲兵技術研究處遷渝後第十三次處務會議記錄

24-1

砲兵技術研究處遷渝後第十三次處務會議記錄

日期 十二月十日

時間 上午七時

地點 總務公廳會議室

出席者

莊權 曹克家 [illegible]

雷[illegible] 吴[illegible] 張[illegible]

姚[illegible] [illegible] [illegible]

陳志靜 [illegible] [illegible]

熊明[illegible] [illegible] 陳[illegible] [illegible]

程本[illegible] 陳[illegible] 林[illegible]

[illegible] 葉少英 [illegible]

44

主席莊處長

記錄吳新周　朱潔民

甲、報告事項

主席報告（1）本處新編制自奉准實施以後各部份人員多已補齊，惟工政課迄未完實現，該課課長一席已覓得相當人選，或可來處就任。再本處現有編制係過渡性質，人事支配容有未盡妥善之處，望於各部份草擬敝編制時，在不更動人事原則下審慎支配，以福利組職掌常與公產事務課經營業務常易混淆，望根據事實

25-1

明確劃分又福利組與工政課（工務組）方面亦多互相聯繫之處前
以該組尚未成立關於工友福利事項即由工政課兼办現福
利組既已成立所有工友福利事項自應交由福利組一併理
以一事權（職權分明）歸由福利組工政課事務課三部份自行會商劃
分以按照本處編制有主任秘書一席已請曾克家先生
担任其任務在輔助處長批閱公事及監督並協助其他各
部份工作之推進使本人得有餘暇致力於其他更重要之工
作惟其職掌尚無規定請曾主任秘書從速擬定（附件）本處
風紀原極良好現因受範圍之擴大人事更動上複雜為謀保持良
好風紀及考察各職工有無越規行為起見遂成立

46

稽查室現稽查主任吳安之君已來處到差

15本處各項設施大致楚楚，惟欲使機構臻於健全，對於各部份人事動態須有精密統計，以資有所考核起見，此項工作已請周秘書竟功担任，惟籌備伊始，毫無成規可循，將來實施調查之時，各部份之原始表格務必供其參考。

姚秘書報告

16奉署令清查整理本年度未了各案，查關於飭造今方面已由工務組設計，惟本年內不能繳清者，承辦處稿呈請免造，關於槍彈廠移交一案，亦由工務組承辦處稿函請第二十五工廠從速結束，其他部份尚有未了案件，請整理以送稿查室，以便彙辦。

17奉署令各種房屋須加修裝一案，經處長批示各組暨警衛

隊傳聞著因惟署方規定偽裝須仿照中央訓練團党政訓練班禮堂偽裝式樣辦理並應將辦理情形呈復本案究應如何辦理請予指示

主席指示 偽裝一項異常重要惟其經費如何開支會計組應詢明並派鮑課長明善與胡白華工程師前往中央訓練團參觀偽裝式樣

工務組榮主任報告 本處對署頒飭造令估計於本年內不能繳清者已呈請免造俾資結束惟本處內部各部分亦有彼此互相委託辦理事項估計於本年年底不能辦就者亦應作一結束於明年開始時重行支配

27

主席指示

可照辦。各組彼此論難或請假而本年內不能加試者應從寬

乙、主席逐一詢問上屆會議議決案及指示各點之辦理情形（略）

丙、討論事項

1.會計組張主任提議查本處近有新進同仁未經請委或雖已請委而尚未奉准即行離職致薪金難以開支擬請設法防止案

議決

1.在新進同仁到差時各主管人員如不克確其安於職守者可先請試用

2.凡經過正式請委手續後非經一年不得辭職

2.福利組程主任提議本組擬招商舉辦職工小食堂其燃煤可否由

49

27-1

廠方供給提請討論案

議决　廠方不能供給燃料，但得向合作社領買平價之煤

3.曾主任秘書提議本廠簽到簿係按照各同仁實到鐘點依次親

自簽名，在登記之時考查困難，茲另擬辦法二項如下：

1.在簽到簿上將各同仁姓名排定號數，然後按號各自簽名。

2.簽到簿仍備正副二冊，在規定上班時間後二十分鐘收去正冊，一時以後收取

副冊。

以上二項是否有當，敬請　公决

議决　通過

4.工務組蔡所長提議住居廠境以內工人眷屬間有與房東親屬同居一處

5

者自本廠實行計口授糧後此項職工旁系親屬既無向本廠領買平價米之權利又不能向市上平價領銷處領買平價食米擬請予以補救俾輕工人負担案

議決　由廠方向平價領銷處代為証明俾彼等得享有領買平價米之權利

4.此後新進工人其旁系親屬不准居住一層

5.處長辦公廳盧秘書提議據值星官姚榜元建議土木組包商以工人所佩帶木牌常有借人使用情事流弊滋多擬請一律改用身份証究應如何辦理提請　公決案

議決　1.由土木組嚴飭包商約束以工所佩木牌不准借人使用

28-1

否則一經查獲將色商及小五一併扣押

又[illegible]時小工[illegible]發身份證事由福利組會同有關部份研究

6.工務組陳所長提議本處球類練習或比賽常在晚間七時舉行惟各廠職員於六時放工以後晚餐甫畢即參加運動有礙衛生擬請酌予延遲當否請　公決案

議決　此後各種球類運動改在晚間七時半舉行

7.警衛大隊郭隊長提議本隊前撥新兵三十名暫時協助土木組搬[illegible]運磚瓦（任意調撥）茲擬將該項新兵經常撥歸該組工作當否請　公決案

議決　該項新兵仍調回訓練

丁、散會

主席　吳新周

記錄　朱[illegible]民

52

密 最速件

查第十四次處務會議記錄業經整理就緒，特送請
會簽後擲還本廳，以便呈閱為荷。此致

土木組
補給組
工務組
福利組
會計組
警衛大隊
稽查室

處長辦公廳 啓 十二月廿三日

中華民國廿九年十二月廿叁日發出

炮兵技術研究處遷渝後第十四次處務會議記錄

29-1

砲兵技術研究處遷渝後第十四次處務會議記錄

日期　十二月十七日上午八時

地點　職員膳廳

出席者

莊權　陳志明　吳益元　施[illegible]

張崇瑞　[illegible]　金[illegible]元

[illegible]　蔣瓚　周競元　李維[illegible]

郭[illegible]棠　蔡其懋　王毓元　雷大[illegible]

葉[illegible]　[illegible]　陳孝韜　陳[illegible]元

林濤[illegible]　陳[illegible]　姚樸元　黃[illegible]英

盧[illegible]　[illegible]　金[illegible]　程嘉[illegible]

吳[illegible]

51

主席莊處長　　記錄 吳新周 朱潔民

行禮如儀

甲、報告事項

主席報告 (1)上星期五兵工署召集臨時廠長會議其討論事項中最重要者為署屬各廠處會職工廉價購買食米問題茲特分別報告如下 a、前各廠發給職工食米其價格未能一律頗多各自為政現經署座簽准部長此後署屬各廠處發給職工食米每市斗價格概以三元二角為準（係照軍米每市斗價一元六角加倍）並根據此原則擬定署屬各廠處會廉價購售食米辦法其內容與本處計口授糧辦法大多相同唯特別規定以少

30-1

報多意圖囤積多量食米，或轉賣食米希圖倖利者，應永遠取消其購買權，而其密報之人，得給以二十元以上一百元以下之獎金。職工在本機關工作未滿一年者而中途離職者，得追回其米價之差數。職工無故曠職三日以上者，停發其本人及眷屬之平價米一個月。此項辦法，署方不日可以正式命令頒下。查署屬各機關（包括署本部）每月約需食米二萬餘石，如以十個月計算，共需二十萬石，所需經費至鉅。現署方正在籌劃，並指定在若干產米區域內，請糧食管理局代為採購，一面由各廠處自行派員前往搜購，同時並請糧食管理局限制其他機關前往署方指定之區域購買，以免

56

分配不均，所有採購事宜，由本廠等主持，已著屢對廉價
購買糧食一項，異常重視，故此次會議，親臨出席，並請各
廠處會職工，既受政府此種特殊優惠，自宜激發天良，努
力報國，倘有懈怠因循，放棄職責者，應由主管長官
分別嚴予處分。(乙)本處現有編制，係過渡性質，人事支配
不免有未盡善處，請各單位於草擬廠編制時，加以修正，同時須
注意者，a.土木組方面技術人員待遇較低，而人數甚多，所有監工人員
經驗不富，設計人員設計不周，此後物色人選，務必慎重，
人數可以減少，而待遇應酌量提高。b.福利組方面，照現有
編制，有訓育事業二課及醫院、農林場各一，事實上職

31-1

工教育一项，亦在该组职掌范围以内，故[illegible]应[illegible]（草拟厂编制时似以[illegible]）学校、剧场、福利组管辖，训育课指导监督。至于农林场方面，论其事业不仅农林二项，并兼营畜牧事业，此后可迳定名为农场。医院方面原有设备不周，如欲添购器材，可填单请购，如欲增添人手，可与工程主任会商。至于合作社，须採用合作方式，其组织各部份实行办事人员可由各部份抽调，最好工人方面亦应参加，厂内部情形，各方均能明瞭。又福利组对三十年度工作计划所需经费，应与会计组早日商定（因华西福利事业所需经费有一部份须另筹来源者），自合作社与农林场所经手之款项，其盈亏情形，应按月缮明公布，而合作社出售货物，其价格务必低于市价，俾符福利原则。

58

3、各案經年內未結束案件应列表提出下次處務會議報告

各所長由本處□其分布各處，大部份時間多消耗於行政方面，而不能致力於技術工作改進。此後擬請各所長經常在工程師室專作其技術上之研討，其他廠房工作支配及工人管理可由各部主管技術人員任之。其次本處工人之管理及工資之核定均由工政課統籌主持，故工政課所管理之工人不僅限於工務組方面，亦組工人均屬之，工人實係全廠之工人，非本處工務組之工人

人數最多，故特具隸屬於工務組。

工務組陳庫長報告：前奉派赴署接洽添購副料事宜，茲將接洽經過情形報告如次：（1）本處所開副料單除灯泡溫度

32-2

計及石墨膏等外，其餘已由署列入副料表，寄往英國，如此次中英借款成立即可訂購，同時擬將該表送中央信託局及美國訂購（該表將來可存備述），惟何時可以購到，尚難逆料，故目前能在渝購到者，仍以自購為原則，(2)近來材料陸續運到，原有庫房不敷容納，已填具請辦工程單，請土木組在龍洞灣添建庫房一所，以分存一部份重要材料，擬請土木組從速建築，(3)土木組所存水泥，擬請將損破者儘速領用，以免受潮損壞，並請將水泥庫修固，禁止閑人入內，(4)擬請水電所速將借用之成品庫交還，以便存放往庫房騰出之電料，(5)原有庫房存儲銅餅，(6)本庫

60

33

油料前寄存於大工所廠房，現該所東面廠房擬需收回，擬將油料移存於第二防空洞。（6）工具所庫房現已接收，歸總庫管轄，不識其他各所需接收否？尚……本庫

榮主任：

其他（除工具所外、水電、機工、火工）所不擬另立庫房，每月按其製造能力發給材料；工具所分庫已由材料庫接收，水電所分庫在本年秋前由材料庫接收清楚。

會計組郭專員報告：本處三十年度經常預算者方核定為二百五十萬元之譜，分四期發款者，本組經辦重要工作需款較多者，請俟暑期後第一期俾每週第一期可多領款項。（本月份分配數預算業已擬妥，但因該處經費將來即根據該表，故未但能……；三五月之分配數列預算較大）編擬時將……易於周轉，但經領之此案仍有遺漏，故該項預算當送之部份處閱請（如此足注意！）

周秘書克功報告：上週奉諭負責籌辦統計事宜，即行遵辦，並將開始進行步驟，分別報告如下：（1）本處各部份所有記錄

61

33-1

直接可供統計之資料者頗多，其他尚待各部份整理登記者方能統計者亦復不少，因各項數字均有記載及聯系關係，故蒐集資料，必多所牽制，現擬先設計統計表格，將内容確定，再搜集資料着手製圖，以初期設計之統計表内容，是否適合各部份所需之參考，亦頗重要，故擬於表格設計完竣時，請有關部份參加討論，俾臻完善，以關於統計資料之搜集，在初辦期間，擬逐赴各部份參閱其原有記錄，加以整理，非至必要時，當以不增加手續及改訂辦法為原則，⑽現在初步統計者大多屬於人事方面，以作職工福利之參考，其次

62

着手各項經費及關文之收發，然後辦理製造方面之統計，總期逐漸完備，以供各部份之參考。

工務組榮主任報告：上週接福利組通知，囑調查本組各單位職工家屬户口（包括住居廠外眷屬），以便造冊請領平價米，並限於五天內辦理完竣。本組工人之數甚多，而各廠工作人員均各有專職，以是難於着手調查。可否請由其他負責部份辦理。

主席指示：本案可停止辦理。

乙、討論事項

一、處長辦公廳秘書提議：據值日官曾維賢建議，本處職工私人物件攜出廠外，例向事務課或值日官請開放行條，門衛印憑

係放行不加檢查，此後凡私物攜出廠外，請由門衛逐一檢查，以
防流弊，究應如何辦理，請　公決案。
議決：此後放行條由稽查室統籌發放。
2. 處長辦公廳虞秘書提議，據值日官曾維賢建議，日來電
燈時告熄滅，擬請購備植物油燈，用代洋燭，等情，當否，請　鈞核案。
議決：通過。
3. 處長辦公廳虞秘書提議，據值日官曾維賢建議，凡窯民房業
經本處收買，擬請將原有竹籬向外擴充，並將竹門隔斷，以防宵
小，究應如何辦理，請　公決案。
議決：通過。

35

4.處長辦公廳盧秘書提議，據值日官雷維賢建議，本處各廳園薪使門其鑰匙向交由值崗士兵保管，但不免有通融私開情事，擬請將是項鑰匙交由值日官保管，以杜流弊等情，提請討論案。

議決：各廳使門鑰匙，即交就近值日官保管。

5.福利組程主任提議，（奉處座下值日官建議辦理）土木組包商小工所用通行木牌（宜略用[illegible]證[illegible]）改用布質臂章，以便衛兵檢查，當否，請公決案。

議決：除職員及工人證章外，其餘各項證章，統由稽查室統籌發放。

6.處長辦公廳盧秘書提議，擬請將值日值星官建議事項於

66 65

35-1

每月初在本會議総检討一次俾明办理程度案

議决 通過

散會

主席 吴新周

記録 朱怀民

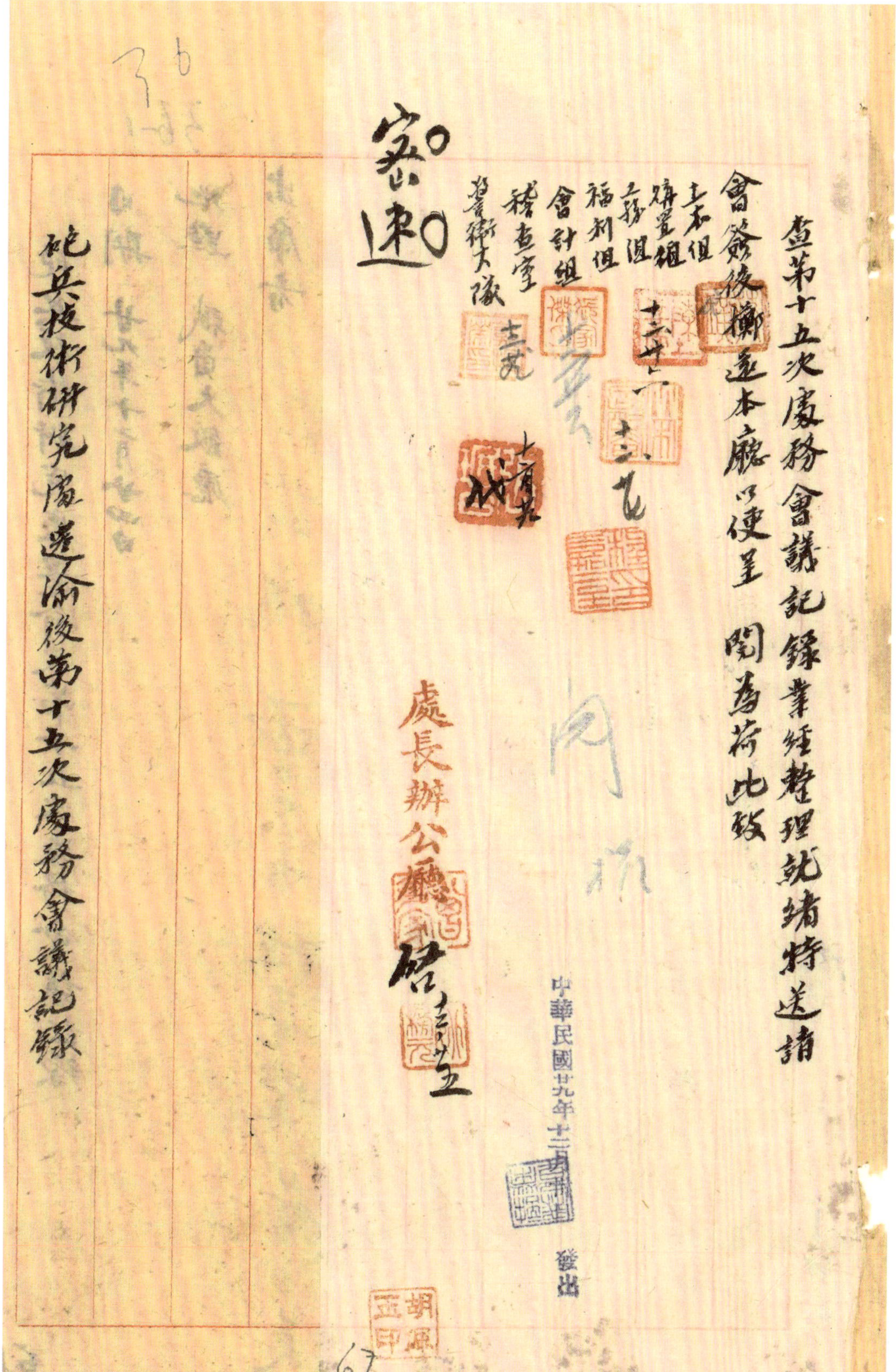

密 速

查第十五次處務會議記錄業經整理就緒特送請

會簽後擲還本廳以便呈閱爲荷此致

土木組

購置組

工務組

福利組

會計組

稽查室

警衛大隊

處長辦公廳 啓

中華民國廿九年十二月 日 發出

炮兵技術研究處遷渝後第十五次處務會議記錄

361

砲兵技術研究處遷渝後第十五次處務會議記錄

日期 廿九年十二月廿四日

地點 職員大飯廳

出席者 莊權 曹省之 陳嘉棠 黄少英 張鴻 鄭學(?) 周克功 姚世英 廖其彬 郭根棠 萬益元 陳孟齡 蔣璜 程嘉垣 熊飛(?) 王鈞 林滿(?) 李繼廷 陳志靜 陳景瑄 姚樸元 陳景瑤 陳益元 蔡其(?) 鄭(?) 唐學珊 金仲賢

68

37

主席莊處長　　　　記錄　吳新周　朱潔民

行禮如儀

甲　報告事項

主席報告　(1)本處消防隊前以缺乏指導人員及消防士兵之待遇問題未能解決，迄未成立，所有消防

惟消防工作關係重要，現以該隊急於成立起見，另請稽查室晏

主任負責籌備，並責令從明年一月底正式成立。其消防隊員暫向各部份抽調

小工三十名充任，內稽查室應抽十五名至二十名，其他各部抽十名（不足之數再由晏主任負責招募），所有

訓練事宜擬請專家來處担任，訓練之時由稽查室派員隨

習，其他消防設防備亦應設法補充，並於正式成立之時均能備

齊。所需經費請會計組設法，至於該隊組織規程，業由晏主任

69

37-1

卅就暂定名為勞動服務隊，而以担任消防工作為其主要任務，其次要應予修正。(2)本年度行將结束，各办公廳應擧行清潔總檢查一次，請曾主任秘書代理本席主持。(3)成廠編制請各部份儘本年年底擬完成。

姚秘書報告：本年内各部份未结束案件經本室查得關於文書方面者有十三件收文，分送各組各組辦理尚未送回歸檔計(1)土木組一件，購置組六件，工務組三件，會計組三件。

主席指示：收文應每週檢查一次，如有未办理者，可於本會議提出報告。

會計組張主任報告：本組未结束案件共有五件，茲分别報告如下：(1)株廠建設費案，在經費賬内有數項巨額預付款，如新亨、天利、百祿等多

70

此節列入主席報告第[redacted]項內
作第四項

38

未結束，現正在接洽料理中，又與本經費有關之前漢陽、桂林二砲廠及臨時槍彈廠往來賬，多在核對轉賬中，且桂林、南寧、廣代辦之機料，亦缺少數單據；(2)遷移費案內二十五廠及三十廠內有一部份工友及警衛隊士兵（代本處押運者）旅費迄未報銷，已派員數度接洽，正在催理中；(3)渝廠建築費案，本案經費內自辦建築工程，尚待結束；(4)經常費案內昆明辦事處一部份支出單據，正在辦理更正手續，尚未結束；(5)製造經費案內材料工具儀器樣板並製品半成品之盤存數值，尚未辦妥。

[redacted](4)關於二公所機件，每次收到時，購置組應會同工務組列表呈閱，由購置組主辦。

37

38-1

土木組蔣代主任報告　株洲臨時工程，尚未結束，渝廠一二批工程業已驗收，惟第三批以後，尚未驗收。

工務組榮主任報告　關於本年內不能結束案件，已分飭本組各所清理，並列表送但本部，惟各所承辦請製或請修之案件過多，一時不易清理，其中尤以工具所為甚，僅就請製事項已達三百件以上，現擬將未着手舉辦者，退回原請製部份，俾於明年開始時重行支配，一面估計此項原有請製單於明年何時可以完成，以便統籌支配[illegible]工作。

主席指示　在此年度結束之時，各所所存半成品前應結束，盤点清楚。

警衛大隊郭隊長報告　本隊新兵服裝已呈准發給，前經派員領運，惟尚

72

未領足，不識何時可以完全發清。

主席指示：最近將派陳課員凱前往第五庫洽領留守處士兵服裝一〇〇由鴻

其附件催詢。

乙、討論事項

1、福利組程主任提議：本組農林場飼豬之肉，將來應如何支配，提請公決案。

議決：以於新曆年底犒賞全處職工為原則，並定辦法如左：

1、警衛隊士兵及工人每人贈送生豬肉一斤。

2、職員階級在上尉以下者，每人贈送生豬肉一斤，少校以上者舉行敘餐。

二、處長辦公廳處秘書提議：下月國民月會，擬請改於元旦日舉行，同時並請舉行元旦團拜禮及本廠改廠典禮，當否，請公決案。

議決：通過。

三、處長辦公廳處秘書提議：據值星官余惟徽建議，非辦公時間不准進辦公室，業經處務會議議決通過，擬請出示佈告，俾眾週知，究應如何辦理，提請討論案。

議決：一、如因公事於辦公時間內未能辦妥，而亟待結束者，須經請示該主管長官之許可，以雖非辦公時間，許入內繼續工作。

二、各辦公室另備鑰匙二份，一份交該主管官保管，一份存公役室。

四、處長辦公廳處秘書提議：據值星官凌[illegible]疇建議，擬請處方

設立滙款處代職工办理滙款事宜以減少職工請假等情當否請 公决

案

議决　由福利組籌办

3.工務組材料庫陳庫長提議查本廠所碼煤、進船夫自於中途灑入水份及泥沙甚多、將來水分蒸發以後磅差過甚擬請會同碼置會計二組過磅以便隨時決定磅差案

議决　應於碼船裝煤時與船夫講定不准中途灑水或加泥沙如收煤時遇有此種情事發生得請會計兩組派員會同过磅。

丙、主席交办事項

一、關於食米支配情形請福利組嚴密檢查是否合理

二、關於決定廠曆元旦休假日數應將星期假日提前補足一節請 務於元旦合併休息

75

40-1

主任秘書與朱主任商定

散會

主席 吳新周

記錄 朱懋民

76

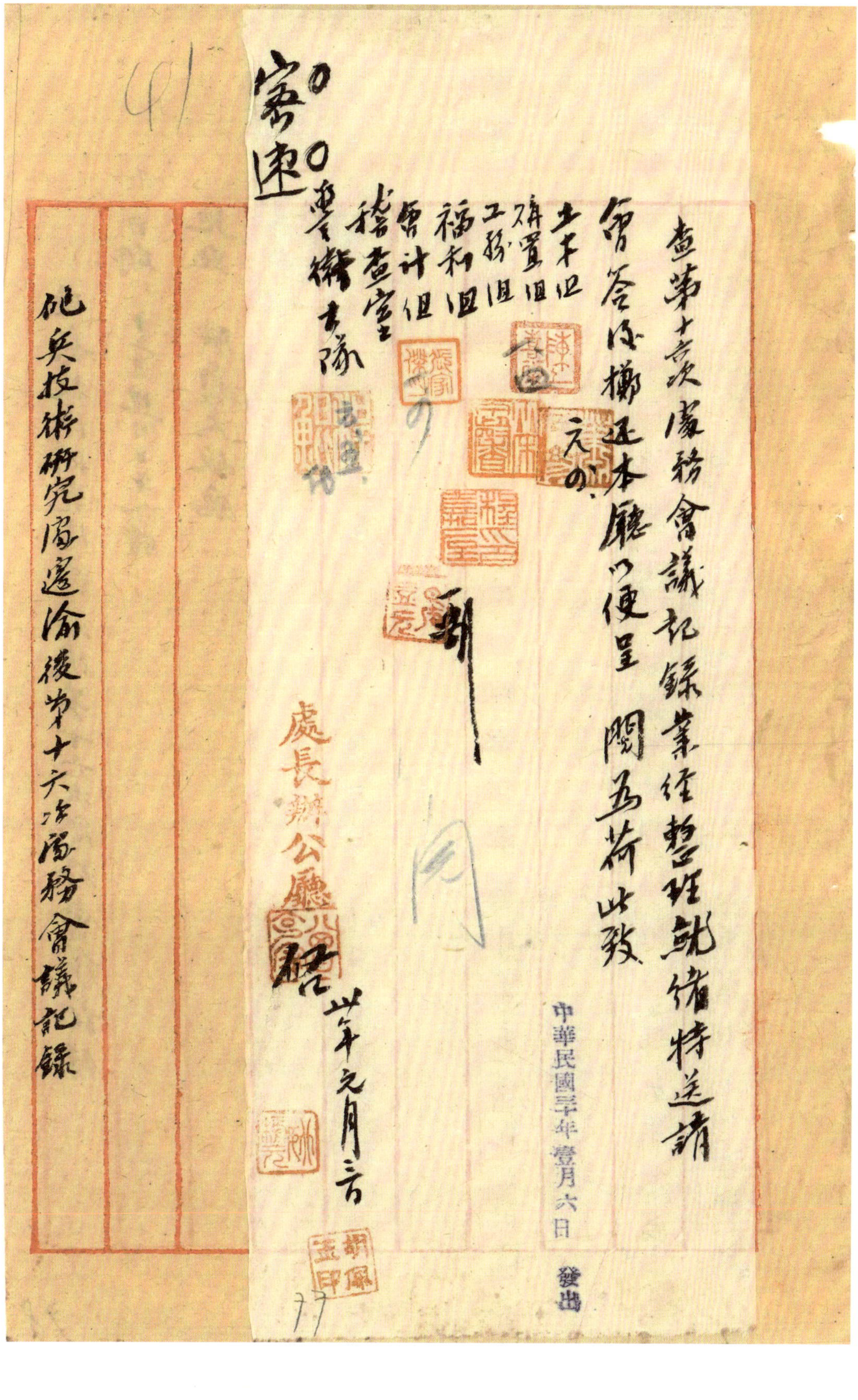

查第十六次處務會議記錄業經整理就緒特送請
會簽後擲還本廳以便呈閱為荷此致
土木組
購置組
工務組
福利組
會計組
稽查室
警衛大隊
密
速
處長辦公廳啟
卅年元月六日
中華民國卅年壹月六日發出

炮兵技術研究處遷渝後第十六次處務會議記錄

41-1

砲兵技術研究處遷渝後第十六次處務會議記錄

日期　十二月廿日上午八時

地點　職員大飯廳

出席者

莊權　盧濟明　葉保璽

姚務光　陳公亮　林嘉驥　吳培育

陳克振　錢明晉　黃少英

李繼道　王鍇　蔣其恩

郭振榮　蕭人驥　莊瑞（列席）　吳益元

廖綸　周[?]　克勳[?]　[illegible]

78

42

金仲賢

記錄 吳新周 朱潔民

主席莊廠長

行禮如儀

甲報告事項

主席報告 今日為本年大除夕，回顧過去情形，深堪回溯。本席前以奉命赴歐試造大砲，至本年四月返廠，故實際參加本年工作，僅及半載，過去均係葉主任主持，茲將到廠後所及報告如次。

79

(1)總办公廳各部份中其办事精神最飽滿及人事陣容最整齊者首推秘書室(兩文書課)事務課方面缺陷甚多其原因在人手不足望於明年自行妥為調整(2)會計組人事陣容亦佳惟工作方式稍寬弛應予糾正(3)警衛隊當繼續整頓煥發精神(4)福利組成立未及匝月所有同仁到差伊始對全廠情形尚未熟悉更因執掌煩雜一時着手非易故其工作效率短時期內難於考查最近本席深感該組主持人員對事業之推進已盡其最大之努力然均未能切合實際此後主持者應提綱挈領推動一切又內部人員當精誠合作俾全機構其

43

其他各组对福利组并应适力协助，应纪嘉奖。（5）土木组方面，業主任来厂未及二周，一切自属不甚熟悉，望于明年内努力整顿。工務组本年内之工作成绩，超越各组以上，此次竟于短期内下一番苦功，赶成出品，使外界认识本厂日益進步，并确定本厂基础，良用欣慰。其中業主任蔡、机工所所長王、一工所所長陳、二工具所所長及工程师蘇知檢盡徒美尤为努力，应各予记功一次。此外事務課課長吳傑三月以来，分赴各處採辦糧食；總工程师王思濂在昆主持机料運輸事宜，煞费苦心，將所有机料順利運滇，最近私人並蒙相當損失，亦應記功一次，以示獎勵。其他为本厂不能見到而各主任认为在所属職員中其平日確係悉力從事，成績優良者，亦可提交

81

43-1

本廠請獎

土木組蕭主任報告：本人奉命主持土木組事宜，惟自愧幹材淺，恐力不勝任，尚望廠座隨時指示，各同仁時多加協助，藉免隕越。茲將經辦各項工程報告如次：(1)第十二批工程，本定於昨日在兵工署開標，本人當即偕同胡前主任將工程師合同送署，方謂開標手續應於開標日期前先行呈報，故昨日未能開標，須先補加呈報手續。(2)修建汽車間工程正與包商訂立合同中。(3)所有值星值日官建議之各項修理或興建工程正在逐步施行。

工務組材料庫陳庫長報告：本庫材料原均堆積本部一處，

82

44

適來材料陸續運到者甚多，本庫方面已無法容納，擬請設法疏散，並定疏散办法如下：(1)請土木組將工務組旁之山洞儘明年二月底完成，(2)龍洞灣新庫，請土木組迅予動工，最好於明年一月底完工，(3)龍洞灣第二山洞庫房，請土木組修理完工，俾存放撥恩撥一部材料，(4)第二、三防空洞可否指定存放一部份材料，(5)本處所存材料擬將各處主要三個月所用量都備在本庫，現除第二、四兩所庫房俟交接手續办竣後，仍分存在該所外，擬請在第一、二兩所騰空存放材料房屋。

榮主任本處材料行將陸續運來，故材料庫方面確有無法容納之處，所有工務組旁山洞，擬請土木組儘明年二月底

83

44-1

完成（原定你二月完成）以使堆存銅料、其他鋼（鐵）等主要材料仍放於材料庫之本部，不必分置各分庫（其他貴重之工具儀器量具等分存第二第三防空洞）。

乙、主席諮詢事項

一、清潔總檢查之結果如何？

曾主任秘書：清潔檢查原定於三十日上午完畢，祇以該日適遇警報，故延至昨日下午方會同盧秘書前往各處及各廠房檢查，各廠內以機工大工及其二所最為整潔，惟廠外落葉多未掃去，且不甚清净，係于夜來方於廠內掃出，頗有廠外，故廠外清潔應另行派人辦理。

主席指示：(1)各廠應每日規定一適當時間，責令小工將廠

84

房四週掃除一次，所有溝渠尤應疏通。

(b)各住宅區疏通溝渠工作，由事務課派清潔夫任之，工人

宿舍區域由管理員派人清除。

(二)~~本局分批所訂購~~運到之機料（二三分確係）已整理至若何程度？

陳主任　已將每週運到者逐詳列表登記

主席指示　須將所訂購之全部機料列成總表，然後將每週

運到者逐詳填入，方可窺其全貌。

(三)食米之分配情形如何、

程主任　統計倉存、已領、及已購而未到三項，約折合白

米二千九百十一石一斗七升。

85

主席指示　食米須妥為保管，以免消耗，所需倉庫，請糧食管理委員會計劃。

丙、討論事項

1. 工務組榮主任提議　查廠內竊案迭出，最近搶槍器工廠場內有卡尺八枝被竊失竊，擬請警衛隊於每晚加派巡邏隊分次巡邏，儆境以防宵小案。

議決　通過

2. 曾主任秘書提議　查本廠職員因公領用文具物品，未定標準，致事務課發給時，難以支配，擬請規定領用數量，或由各組估定每月應領數量，一次領去，然後轉發，以省手續案。

46

議決　將各種文具物品等分別開列成領物証，每月每人發一張，領物時由總務主任先行審核，再向事務課領取。照準

(3)曾主任秘書提議，查購置組所購文具、有時品質較差，致各同仁領用之時，頗有不便，擬請飭向事務課責難，於待購買驗收時加派人員協理，以專責該課。

決案、

議決　由公廳會同會計組商討決定。

(4)會計組張主任提議，查工人急救基金與現時環境已不相符合，擬請准予修正案。

議決　原則通過，詳細办法由會計、總務兩組会商決定，呈核施行。

(5)盧秘書提議，據值日官符荷百建議，查大飯廳旁煤炭……

87

46-1

堆存露天材料，殊欠妥當，請設法管理，以防被人竊取，究應如何辦理，請公決案。

議決　此後領到煤炭，均以堆存材料庫煤場為原則，各廚房需用時，可前往領用。

(6)盧秘書提議：據值日官陳俊明建議，查本廠屠夫不能按時宰豬，甚或抬高售價，擬請由主管部份整頓案。

議決　由福利組整頓。

(7)工務組榮主任提議：本廠各種建築營繕部份，業經規定歸土木組包辦，小工本歸土木組辦理，應如何辦理，提請討論案。

議決　由辦公廳召集有關部份商定。

88

47

(8)福利組理主任提議職員眷屬就業辦法擬定武根怡先生等以作為家屬總會除本廠服務本廠家屬擬請另改身份證案。

議決　通過。

丁、主席交辦事項

1.本廠所收買之丸窯，應恢復應用，其辦法由蕭主任與陳主任商定。

2.土木組臨時工人應住居廠外，關於房屋問題，可與陳主任洽商。

散會

主席

89

47-1

記錄 吳新周
朱學民

90

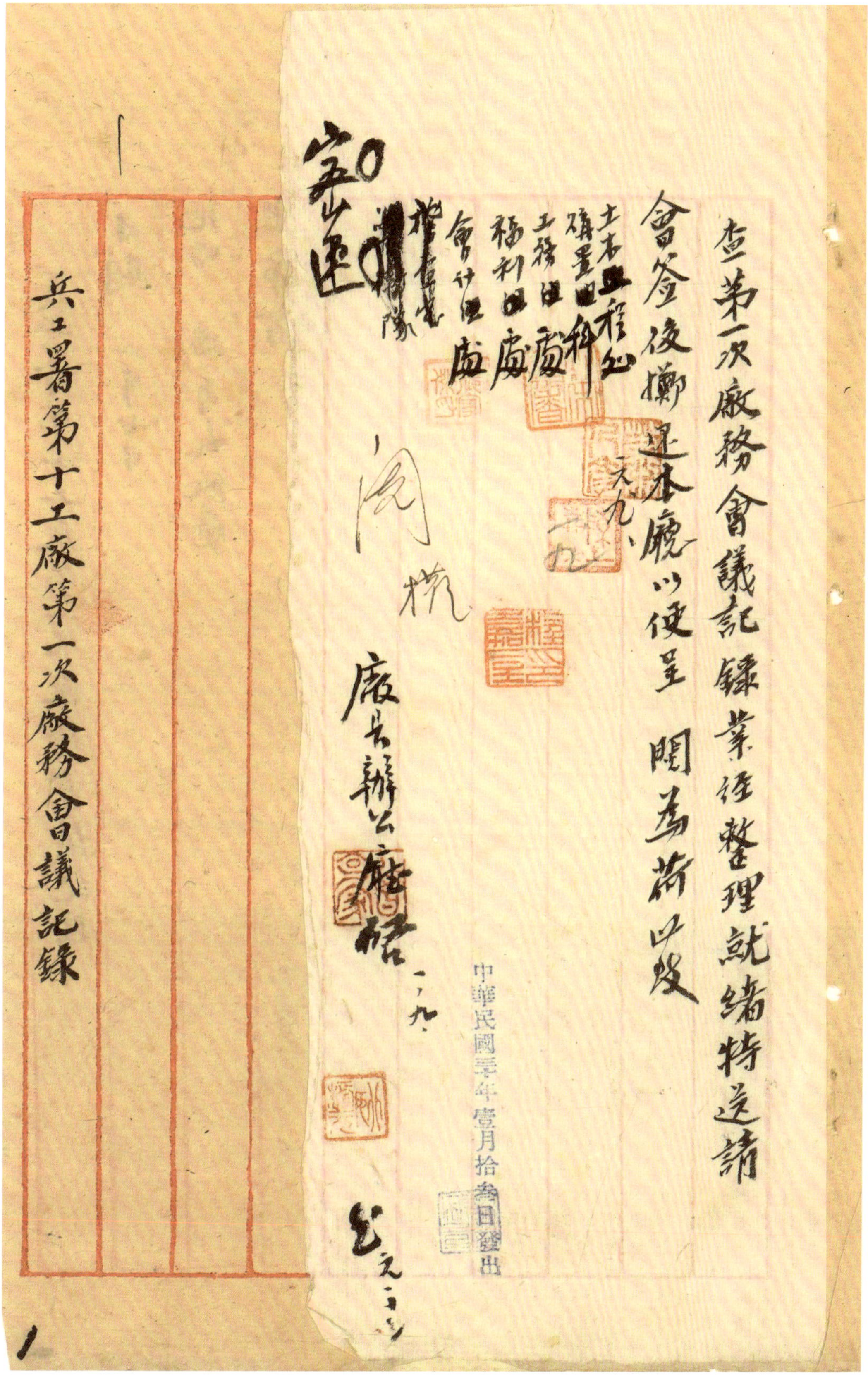
查第一次廠務會議記録業經整理就緒特送請
會簽後擲還本廳以便呈　閲為荷此致
土木工程处
會計处
廠長辦公廳
中華民國卅年壹月拾叁日發出
兵工署第十工廠第一次廠務會議記録

兵工署第十工廠第一次廠務會議記錄

日期　一月七日

地點　職員大飯廳

出席者

莊權　丁雲光　雷厚鈞

陳公亮　葉振華　吳鎮新

陳彥靜　李維運　王毅

葉人彥　孟迎亮　陳機祥

吳嘉亮　郭振業　薛紹

張傳仁　柳青　陳書經

陳家寧　葉少楚　程嘉厚

李直思　姚[illegible]
林清許　[illegible]

主席莊廠長　記錄吳新周　朱潔民

行禮如儀

甲、報告事項

主席報告　(1)本會議每週舉行一次，對廠務頗有推進，惟感每次開會，各部份主管人員均行出席，所討論之事，每有偏重一方，與其他部份絕不相干，以致其他主管人員於時間上損失頗大，茲擬將本會議分為廠務會議及工務會議二種，廠務會議每月舉行一次，在每月初

3

第一個星期二舉行，討論全廠一切進行事宜工務會議亦每月舉行一次，在每月初第二個星期二舉行，討論製造技術及工廠方面問題。廠務會議自下月實行，工務會議即在本月實行。開會之時，凡出席人員應報告一月內之工作情況及下月工作計畫，請各位先期預備。此外為使各單位取得聯繫起見，每隔兩星期舉行談話會一次，由主任秘書召集。(2) 本處現已正式改廠，以後各部份行政即可按照廠編制施行，此項通知已由廠公廳發出，特再附帶聲明。(3) 會計方面所有以前舊案審報銷及年度結帳應限期辦理完竣。(4) 合作社之使命，係在供給職工日常生活必需品不特須售價低廉且須不虞匱乏雖本廠合作社存貨不多且遇物缺之時即在化龍橋陸續購進以應市致售價亦高漲殊失成立合作社之原意不識福利組有整頓計劃否(5)土木組包商小工等住居廠內者甚多致品類複雜最近有一包廠商未經本廠許可擅自遷入農林場左近居住殊屬藐視本廠法令該包商究係何人請土木工程組查明具報再其他各部有無容納此類不相干之人居住亦請速查明勒令出境(6)為謀提高本廠工作效率起見須將低級工作人員予以訓練各主管人員應先考查其部份

内现有低级人员之工作方式及程序是否合理，然後着手訓練，以感覺現有低級工作人員不敷，可設法招致

福利處程處長報告 本席蒞事之初，聞合作社所需基金及週轉金均由廠方墊支，故認為該社進貨可以大量採購，再以低價轉售於各職工，然實際不能如吾人之理想，當時以為係該社人手不足所致，故於事業課成立後，將該社由事業課營採推進，惟該課人手亦少，課長課員共計六人，經查其癥結因為人手所限而在帳務之積壓，前擬着手擬三十年度合作社業務計劃，但在着

手之前，須參考該社上年度之營業情形，時至今日，該社究係盈虧與否，以帳務積壓，尚未明瞭。如欲將帳務清理，為期約需二月。現該社人手既少，若將業務擴充，勢必形成事多人少，帳務清理更難。以是該社業務遂因陋就簡，於此時無法擴充。前年署令飭各廠將原有供應部改組合作社，本廠現正擬將該社在不違背法令及適合廠方環境原則下，籌備改組，第一步先征求社員，並請由各單位中推出一人為改組籌備委員，負責籌備改組事宜。至於基金，原應由各社員認股集成，（惟目前物價高昂，以此有限之股金欲謀若大消費之供應，實不可能，故擬不收股款）現本廠不再籌股，所

8

有基金及周轉金，擬請廠方墊支，以使大量採購

貨品，但該社擬呈先送會計處會簽，

後再呈核施行，再該社房屋及倉庫均未動工，而尤以

周貨缺乏適當之倉庫，什物極易消耗、損

消耗、混遭遺漏，本社……

暫以本廠倉庫

會計處潘處長鈞鑒：

關於軍委會頒行普給低級人員津貼

費每月所有技術待遇之職員能否同樣享受，由兵工署

向部方請示中

外，擬請書報告以上週事。署令二十九年考績表限一月三十日以前呈報，

現已將此項考績表格分送各部份，惟為期已迫，務

8

請各部趕辦以便如期呈報。（五）最近並奉令舉辦軍用文職人員登記，限一月二十五日以前呈報，限期更迫，現正將登記辦法分發各部份，務請一併趕辦。

乙、主席諮詢事項

一、巡邏隊已否舉辦？

郭隊長　本隊以人數不多，故每晚僅令班長率領士兵二名於查崗時附帶巡邏。

主席指示　巡邏隊應正式成立，其辦法請曾主任秘書擬定。

二、土木工程包商小土木牌究由何部製發，已否規定？

李代課長　關於土木工程包商小工之木牌製發，日前辦公廳召集會議議定。

9

原則上由本課發放，但應先由土木工程處將所需領用木牌
人數及姓名抄送本課登記，再由本課將木牌彙送土木
組轉發。
主席指示　由工務課擬定辦法呈核。
三、警務隊已告正式成立
晏主任
警務隊已籌備就緒，可稱已正式成立，人數方面已由隨置
科撥來運輸工[illegible]名，另行招募二十名，本週即可開始
關於消防方面已
訓練。
訓練人員擬向消防總隊聘請，本週內該隊消防總隊長
[illegible][illegible]來廠視察本廠環境，俾定消防設施計劃，惟消防
器材一項市上售價極昂，前在某店看定救火器二

11

具，當時以售价過高，未能成交，再由廠办理請領手續後再行討領。

惟現已被人買去。

主席指示 領置科對於消防用具之領置應特別注意，毋不

因仍在於手續問題。

丙、討論事項

一、盧秘書提議：據值星官熊明善建議，本廠東西瞭望台及沿山一帶，外人偵察內廠動靜甚易，擬請加派衛兵一名留守該處，以資固廠防案。

議決

1、暫由警衛隊派兵駐守瞭望台，以資警戒。

2、將該廠大路路綫急要更改，由土木工程处办理。

12

二、盧秘書提議據值星官熊明善建議職員住宅區域間有餘養鵝羊致啃食小樹及其他植物擬請設法禁止究應如何辦理請　公決案

議決　一、豬仔絕對禁止豢養

二、鷄鴨飼育及羊由福利處擬定限制辦法通知各住宅遵照

(三)盧秘書提議據值日官潘鴻建議工人於工餘無處娛樂極易流於賭博擬請於工人宿舍區域闢置圖書弈棋娛樂等室以調節工人生活案

議決　由福利組籌辦

12

四、福利組程廠長提議：請撤回各地購糧人員，僅留吳傑在江門一地購糧（已可勝任），以節公帑案。

本廠現存及已購糧食約足現有人數六个月之用，為儲糧只以六个月為標準，似可

議決：通過。

此條刪去，另列入報告事項

本會討論張雲廠長提議：前奉署頒低級人員補助辦法，廠自發借米償米後是否遵照施行，請 公決。

議決：仍遵照施行。

丁、主席交辦事項

一、購置顯微鏡案：請購置科室主任在昆搜購。

二、廠房區域清潔，在廠房十公尺以內者，由各廠自行掃除。

散會

13

14

主席

記録 吴新周

朱澂民

14

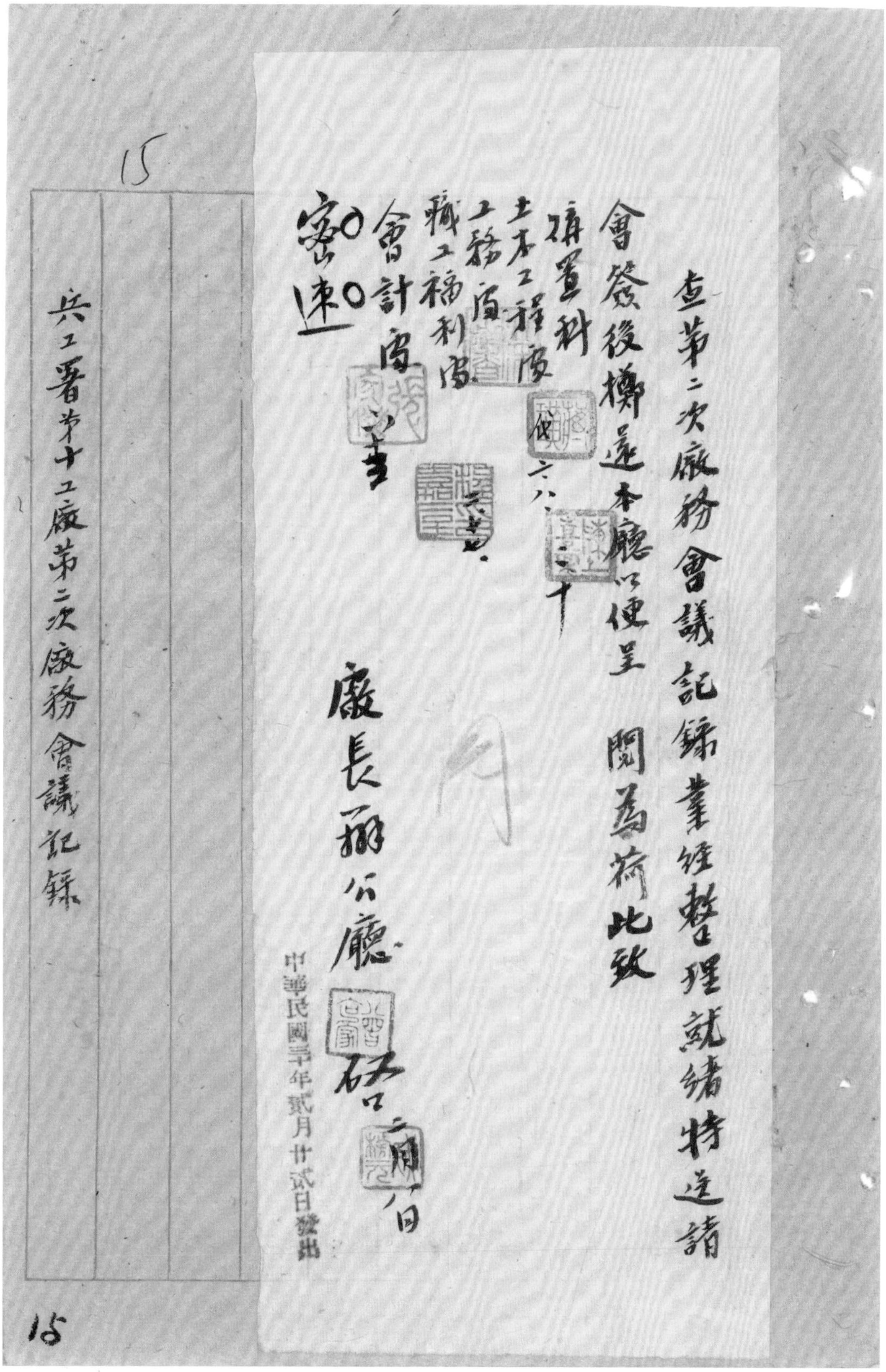

15

兵工署第十工廠第二次廠務會議記錄

查第二次廠務會議記錄業經整理就緒特送請

會簽後擲還本廳以便呈　閱爲荷此致

購置科

土木工程處

工務處

職工福利處

會計處

密〇

速〇

廠長辦公廳啓　二月八日

中華民國卅年貳月廿貳日發出

15

16

兵工署第十工廠第二次廠務會議記錄

日期 三十一年二月四日上午八時

地點 職員大飯廳

出席者

莊權 盧實[illegible] [illegible]

陳[illegible] 林清許 陳[illegible] 李繼[illegible]

陳[illegible]彰 王[illegible] [illegible] [illegible]

張景鎬 [illegible] 王[illegible]

陳[illegible] 蕭[illegible] [illegible] 吳

[illegible] [illegible] [illegible]

[illegible] [illegible] [illegible]

16

17

主席莊廠長　　記錄吳新周 朱潔民

行禮如儀

甲報告事項

主席報告（一）本廠勞動服務隊成立業已一月餘本席前曾偕同曾主任祕書前往視察深覺各隊員精神飽滿各處亦極整齊清潔秩序方面亦已較前進步該隊之所以能得如此成績者係採用簡單之軍事訓練所致如能照此繼續下去將來成績定必更有可觀故本席認為各廠房小工亦可輪流交由該隊訓練以促進工作效率

各位有暇不妨偕同吳主任前往參觀（二）本廠值星值日

17

18

官記事簿内建議事項，對廠方貢獻頗多，茲特規定凡值星值日官其所得分數平均在八十五以上者，給各該員以半個月薪水之獎金，以資鼓勵。(三)本會議每月舉行一次，各部份報告事項，務必將上月工作推進情形及本月工作計劃，逐詳説明，庶彼此均能明瞭其工作大概，致關於全廠行政方面之重大事件，則由主任秘書提出報告。(四)工人娛樂，迄無適當地點，前定將工人宿舍盥漱室闢為圖書娛樂室，應從速進行。(五)山洞廠房工程須積極推進，務請蕭處長設法加緊進行，並儘一個月内办妥。所有洞内佈置事項及工作問題，請工務處派定專人負

18

迺
廠務行字

19

貴籌查

會計處張處長報告，茲將本處過去一個月内所办理之工作情形報

告如下：（1）國外試造費報銷業已办妥呈署（2）電力公司預借款事（已沖）

扣清現正办清結束（3）第八批工程決算（4）審核完竣（5）改進預

發工資手續（5）改進办公用品收發登記手續（6）催促結束預（本廠各項建築材料等經手人）

付款項（7）結束舊料價款（8）工資之計算至本月内扌办名

事亦分別報告如下：（甲）結束以前未結清案件（乙）特製造費

科目改訂完畢（丙）將新進人員欠款清結（丁）伙食

分類賬整理完畢（丁）未理運輸費報銷及雜費報銷

（戊）駐昆明办事處賬務結清，派員前往清理。

19

有一廢室一檔字

20

福利處程處長報告茲將本月來工作情況報告如下，關於事業課者：(1)本廠前曾以佈告計口授糧廉價食米辦法，茲奉署頒文廠價發廉價食米統一辦法，彼此微有不符，故即另擬妥辦法，以資補救。(2)洗衣作已找到承包人，所有合約亦已訂定。(3)辦理本廠領補助低級工作人員生活費人案。關於訓育課者，(1)籌辦春節同樂，(2)擬定宿舍規則，並另擬辦法。(1)統計事宜，原由該課辦理，現已移交統計室。(4)前以宿舍不敷應用，借用圖書館，現新宿舍落成，圖書室仍應床鋪已

20

21

謄

出的圖書即可恢復，以戲劇社經費，正將全年預算

擬定，核准後即可進行。(6)子弟小學校務委員會該課

亦有二位同仁參加，現正協助辦理改組，徵聘教員及修

理校舍、設計校園等事宜，(7)舉行採籃球賽，同參加學位徵有

手執現正調解中。關於農場方面者，(1)該場主要工作

爲造林、護林，一月份內已植樹七千六百餘株，又過去所植

樹木徵有損傷，現已補齊。(2)畜牧一項本擬飼育大批

肥豬供給職工需要，現因種種關係，擬改爲局部供給。本

月內擬購買大批苗豬飼育，至今年五月即可供給職工需要。

(3)本廠各個戶本可令其種植蔬菜，彼等因種菜以後

必須賣於本廠而給價又不若市價之高，故不願種植。
現已與若干佃戶約定將其所租田畝種植蔬菜，收穫時
由廠照市價八折收買，此後並擬隔日派船前往磁器口
方大批購買一筆款轉售職工。（4）墾荒工作已在小洋房一帶墾荒地七
十餘畝。（5）米糧採購一項，前估計本廠現存及在外訂購之
穀量已足夠供給本廠需要，故當時擬將各處購米人
員撤回，僅留吳傑在江門一處購買，惟現因將作[illegible]白[illegible]在
令以訂購者外，一部份業已解約（因本身需米者亦[illegible]），即其他已購者亦留
[illegible]知易不能運出。此後自擬前赴署方指定之區域採購。
醫院方面據葉醫師報告，職員本人患流行性感冒者

22

23

最多，瘧疾次之，工人就診者上月達六百五十人，其中感冒及消化器官病為最多，外傷次之，工人病源大多係多吃辣子、菜[redacted]鋪過冷，及飯食過硬所致。

主席指示（1）關於洗衣作[redacted]定單價一項，應先由職工福利處詳審估定其成本，酌加利潤，再訂定單價。

（2）關於工人廚房之清潔及菜蔬過硬改進，並保暖等項，請福利處[redacted]醫院及工政課商討決定。

工務[redacted]處榮處長報告：（1）查本處工作最重要者[redacted]為準備出品，一月份原定繳出二公分砲彈二萬發，當上月十四日舉行工務會議時，以為製造出品除一、二号件外，大多均無問題，其中炸

23

情事，亦仅弹簧问题，后经试验，方悉系底螺之病，当
时即将底螺之不合格者加垫圈，再行射击试验，结果仍
有早炸情事，最后即以底螺合格者作射击试验，即
信其系底圈满，故以前所造底螺，其不合格者，完全无
用，现正在赶造，以资补充，惟材料太
硬，刀具时有损坏，现上项底螺每日可出二千发，并极加
紧赶造，以补上月二万发之不足数。（2）本月份原定造就撵
枪器一万套，因已向外造撵膛具又缴铁，故未克兑现一部
分，因改由自行制造，故每月仅可缴出四百套。（3）方形撵
恩撵药包已完成一万二千个，八号雷管可缴出二万

（4）改装七・五公分高射炮弹、及四公分炮弹，工作本月内可完毕。

常进（5）工人方面，上月新进者计有七十五人，解雇者二十四人，再由沅陵招来一批工人，其中有十八人仍在沅，此后并拟在沅陵招考艺徒一批，施以训练，俾能入厂内工作。

主席指示　本席出席厂长会议时，闻第二十等厂尚有闲散工人可供各厂调用，本厂可派员前往接洽。

购置科陈科长报告（1）二公分炮弹材料全部现正在整理中，本月内即可完毕。（2）二十九年度购运材料统计表，以现金购买之料，计八百九十八噸，業已購完，煤進約八百五十四噸，計六萬餘元。（3）關於運輸方面，機料已運到廠地者，共計五百四十噸，其中

25

(26

中興公司運四百五十噸、經由昆華公司及中國聯運社承運。

主席指示 王總工程師在外所運到之材料、須由購置科加以統計辦就後交工務處核。

討論事項

六、工務處柴處長提議：工人伙食、擬請由職工福利處接辦、提請公决案。

議决 目前仍暫由工政課兼承所有採購菜蔬等事宜、應由福利處予以便利設法至本年四月由福利處全部接辦。

七、工務處蔡所長提議：查本廠物品出廠放行條規定須由主管

26

員蓋章後方可放行，此項主管員涵義不明，擬提請討論案。

議決

一、凡公物攜出廠境，仍一律須由承該部份主管員蓋章証明後方可放行。

二、私人物件攜出廠境，亦由主管官蓋章証明後放行，由辦公廳研究改訂辦法修正條文後實行。

散會

主席 吳新周

記錄 朱宗民

兵工署第十工厂第三次厂务会议记录（一九四一年三月六日）

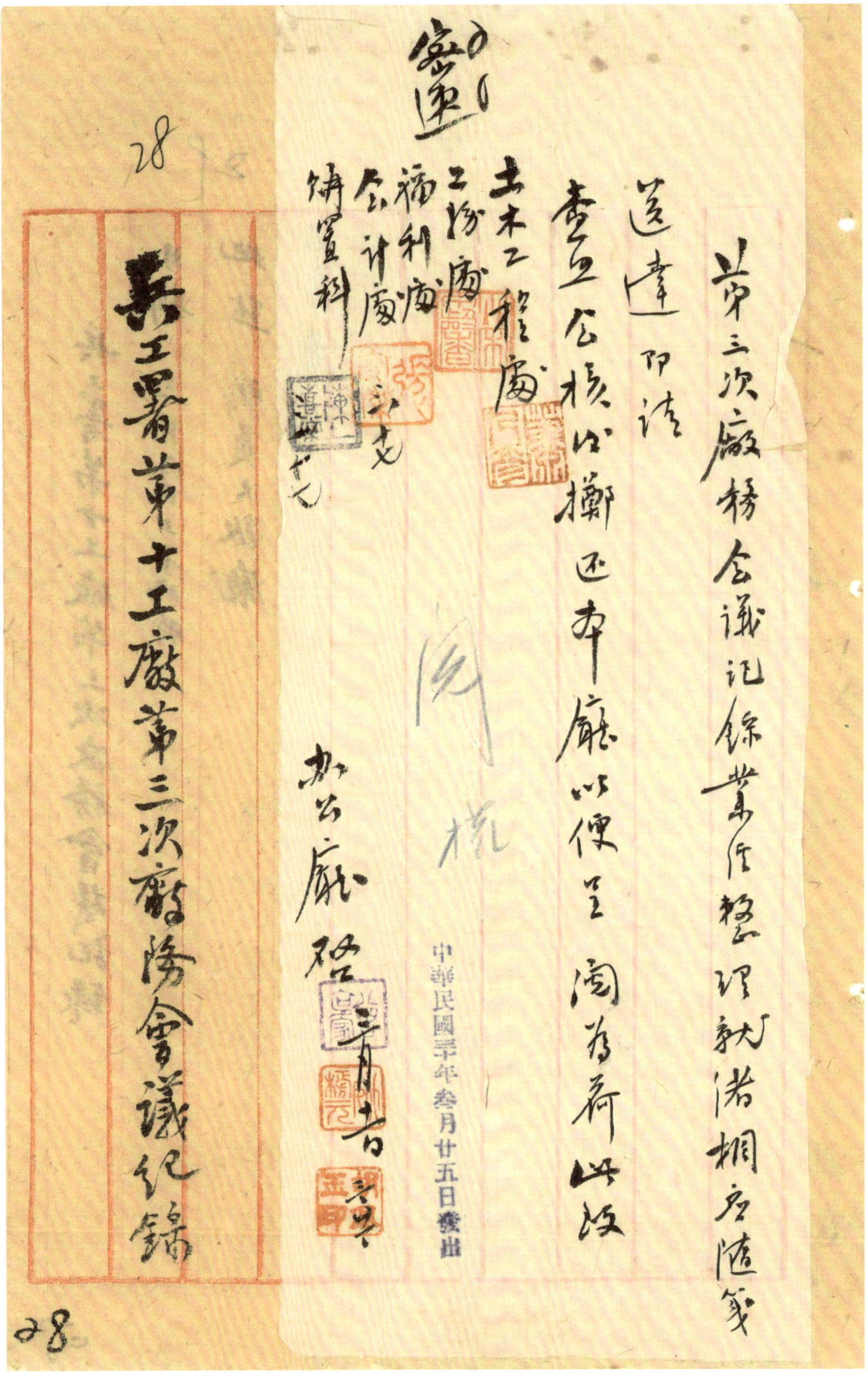
密速

第三次廠務會議記錄業經整理就緒相應隨箋
送達 即請
查照 公核仍擲還本廠以便呈 閱為荷 此致
土木工程處
工務處
福利處
會計處
購置科
秘書廳啟 三月十[illegible]日
中華民國三十年叁月廿五日發出

兵工署第十工廠第三次廠務會議紀錄

兵工署第十工廠第三次廠務會議記錄

日期　三月六日上午八時

地點　職員大飯廳

出席者　范植　雷光祁　盧怡珍

　　　　　　　黃瑞甡　陳□兄榮其□

　　　　　　如橋兄　李健函　陳志靜

　　　　　　林壽□　王鈞　金□□

　　　　　稻鉅　□壹元□□

　　　　陳志照　黃力英　古蓮壽丁

　　吳□□　蕭人彥　鄭鈞洛

　　□□□□□□□□□□

29

30

主席莊廠長　　紀錄 吳新周 朱澤民

行禮如儀

甲、報告事項

主席報告：（一）本會議此後改於每月初第一個星期四上午八時舉行，工務會議改在每月初第二個星期六下午三時舉行。（二）本廠存儲食米平日時有消耗，為免浪費起見，故飭工人宿舍管理員將工人食堂每日食米數量稍予減少，以資撙節。但施行以來工友即表示不滿，咸謂每飯不能飽。實則依照法令規定，

第一頁

30

廠方每月給米三斗為限，工友認為
此數不足，則其不足之數應由各工友自行添
購。議以工人大膳堂情形特殊，其食米不足之數
無形中均由廠方補助，知廠方之虧耗頗大，故現時
之撙節，亦即為工友自身謀利益，如望李代課
長將此意轉告各工友。（三）日前兵工署柯股長
來廠考察各廠組織管理事宜，談及二十一廠福
利事業辦理完善，足資各廠楷模，現擬派鄭
專員孝同、周秘書克功、李代課長前往該廠
參觀其全部福利事業之設施及合作社之組

32

織管理金塲長仲賢參觀其農塲情形胡管理員耀沂實地考察其工人食堂管理情形並技術室胡浩參觀其食堂及廚房之建築情形（四）職員食堂伙食團屢次請求廠方補助然其本身管理問題尚未辦妥此後管理員一項可由職員中自行推定人員輪流擔任被推選之管理人員應有該月份之本身工作可暫卸除俾專致力於膳食管理事宜其伙食亦由膳食團供給

周秘書克功報告：本室奉 命於二月十日成立

第二頁

32

33

但於一日即開始工作茲將一個月以來之工作情形報告如下

（一）關於各項通行證（甲）接收整理以前由秘書室工政課土木工程處購置科事務課農林場經管之一切通行證計二十四種（略）其中關於領用人之區分收發登記多數混亂不得不加以整理乃依照各部份送來名冊與號碼核對同時設計印刷各項收發登記以備逐項精登以後查考方無困難（乙）減少式樣本處各種符號證章原有二十四種經本室接收後減爲十四種（略）

33

34

(丙)换发新證　本室接收時所有土木工程废工人以及包工等均用先年度舊證未曾發證當係二十八年者同時并遇警衛隊改編乃一律換發新證及符號但至今日止因照片關係尚未領去者計有百分之二十三

各部份收新证

(二)關於員工服務紀錄　(甲)設計表格每一員工進廠以前進廠以後至離廠為止一切紀錄現已設計表格八張每人分為一檔夾永久應用已在付印中　(乙)準備登記在表格未印就前分為二點(a)現新進員工已於六月下旬開始登記「新

第三頁

34

進員工登記表」以便過入服務紀錄（B）擬於三月份向秘書室工務課調集原有員工履歷表及照片以便過入服務紀錄（丙）編造職員表本室辦理職員調查以後方知各部份借缺任用或各部份調動竟有連主管課長尚不知情者此後調動職員務請按照手續填具職員調動通知單以資聯絡

（三）關於人事統計（子）本廠各類各部份人數統計（略）（丑）各工場工人分工統計（略）（寅）各工場工人工作時間分類統計（略）

36

土木工程处前处长报告：兹将上月份本处工作情
形报告如次
甲 施工方面：（一）第十一批工程住宅大部业已完成
（二）第二批围篱工程亦已完成（三）化龙桥汽车间工程（基脚已成房架木即）
已可动工（四）第十二批工程本（二）月中旬即可动工（平基工作正在进行）（五）二
号水塔砖墙已粉刷即可完成（约十日后）（六）火油库填土
工程约于星期后可完（因更改设计新增部份甚多并迭经停工完成尚须时日）（七）材料库山洞尚有
一半未完成二号山洞地平已铺好（仅修）通风井未
做三号山洞正在做通风井（因材料缺乏建筑）（八）五号防空洞四（正在加紧工作惟以往工作迟缓约计尚须四）
个月可以完成

第四页

36

37

二月份設計工作大致均已完成進入施工階段

乙、設計方面（一）婦女工作隊辦公室房屋已設計完成即可開工（二）工人食堂即可開工（三）濟史間房屋本月即刻開工〔已訂約發包〕因擬另換地點故暫〔工務處對該房尚有更動之處〕未開工（四）兵役宿舍已在設計中地點即在瓦窯附近該處地位不佳須建築碉堡約須款九萬元（五）消防隊房屋六日即行開工〔已發包不日〕（六）傳達室之修改業已動工（七）各部係請建之廁所共有十所現已動工（八）工務處材料山洞工程之進行最感困難者為現在草價較之舊有草價高昂數倍（九）工人大飯廳尚未設計

37

38

丙、自辦工程方面零星工程殊多，故不復一一報告。現已請莊達之技術員轉莊先生□到廠未久，已粗具頭緒。其中最感困難者為材料之搬運，佔去工人數量過多，致使他種自辦工程進行甚緩，故本處材料擬請由運輸隊任搬運之責，以便勻出人力提辦工程，不知是否可行。

三、希指示

一、關於建築兵役宿舍可由該處與莊主任秘書商洽統籌辦理

二、建築材料庫山洞與係新工程可照新章價給價

第五頁

38

三、該處材料搬運工作由運輸隊擔任外

該處所有搬運工應歸購置料掌握

會計處張處長報告

（一）派員赴昆結束往來賬務

（二）株廠建設費賬、渝廠建設費賬及製造費賬

至二十九年底已結總賬，編製成試算表（三）賬

製子弟學校開辦費（四）編製警衛隊開辦費

招募費計算（五）編製二十九年度建築費收

支對照表及明細表（六）建築材料賬撥轉主

要工程明細表（七）編製三十一年度預算

工務處龔處長報告：（一）本處經常工作為趕

40

造出品前，所底螺不合，檢所缺數量，擬於二月份趕造足數，但因不時停電，未能如願，現已造成砲彈六千發，尚未裝箱。（二）擬槍器□速成預定數量之半，七□庫。（三）八號雷管，本月已造成八萬。（四）三·七彈已造成二百發。（五）署令鑄造迫擊砲彈已成五十發，七·五卜福司彈六已造成並已解繳軍械庫，其外鋼殼□□。因係甲造成三萬五千餘枚，彈頭二萬數千餘枚，引信二萬餘枚（略）。

乙、討論事項

第六頁

40

41

一、工務處工政課李代課長提議：最近常生本廠其他部份常（以前已有二次）挖本處工人情事，致工政紊亂，擬請規定此後本廠各部份不得再行互挖工人，當否，請公決案。

議決：通過。所有各部份工人工資由工務處核定，（各部份不得互挖工人。）

二、會計處（辦公廳）（秘書室）提議：職員奉准告假離職手續擬以五天為限，除（因）特別事故經廠長許可延長者外，其餘（逾期者）概不給以薪，當否，請討論案。

議決：通過。

三、會計處（辦公廳）（秘書室）提議：職員因事、病一次或連續

41

42

請假滿一月以上者擬請不給加工費並薪案

議決 通過

四、工務處葉科長提議 本廠合作社柴油鹽等生活必需物品其出售數量福利處按照職工眷屬人數核定但有時往往不足擬請除核定數外准職工照市價購買案

議決 由陸課長與陳經理商洽決定

五、土木工程處並工程師（技術員）提議 本處工人時感食米不敷請設法補救案

議決 1、福利處將米票直接發給工人領後

第七頁

42

再由工人轉入伙食管理員領米

2. 超出規定數量准予照進價購買

丙、主席交辦事項

一、工人膳費須維持現有狀況不得高於由工務課擬定辦法

二、公役可以用若干名進送公事可規定若干時間進送一次並應將公事放於洋鐵匣內以重機密詳細辦法請曾主任擬定於召開談話會時與各教會主任商定

主席

紀錄 吳新周 朱濟堯

兵工署第十工厂第四次厂务会议记录（一九四一年四月三日）

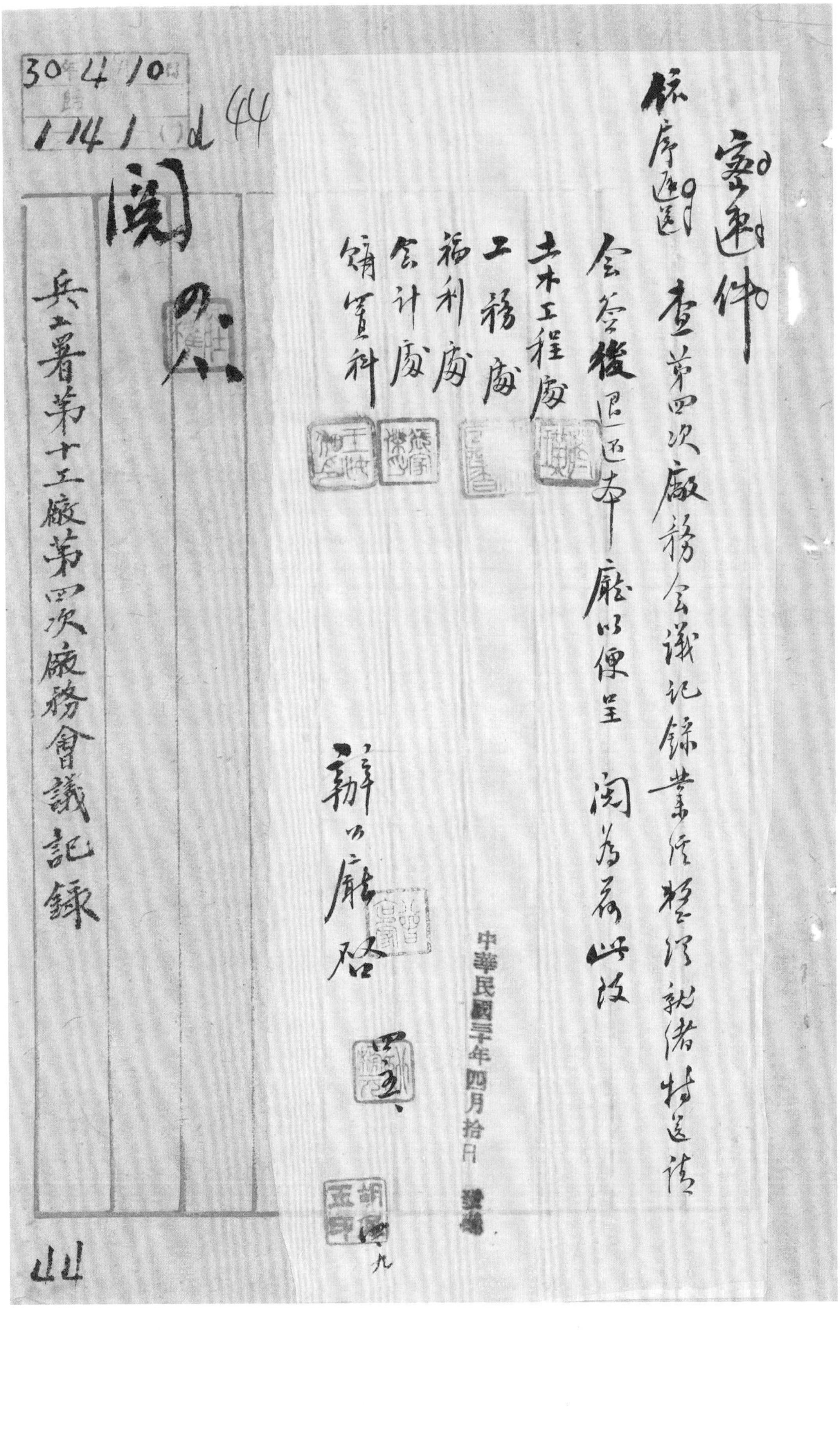

密函件
依序遞閱
查第四次廠務會議記錄業經整理就緒特送請
會簽後退還本廠以便呈 閱為荷此致
土木工程處
工務處
福利處
會計處
銷貨科
廠啓
中華民國三十年四月拾日 發

兵工署第十工廠第四次廠務會議記錄

45

兵工署第十工廠第四次廠務會議記錄

日期　四月三日上午八時

地點　職員大飯廳

出席者

莊權　[illegible]　盧[illegible]

葉聲[illegible]　陳[illegible]　蔡其恕

張[illegible]　陳[illegible]　吳[illegible]

王[illegible]　[illegible]　張[illegible]

李維[illegible]　程[illegible]　姚[illegible]　吳[illegible]

[illegible]　陳[illegible]　葉[illegible]

[illegible]　[illegible]　蔣[illegible]

45

46

王汝獬

主席莊廠長　　記錄吳新周

行禮如儀

甲、報告事項

主席報告　(1)各職工或眷屬往往不將身份證隨身攜帶，自本月七日起由稽查室實施檢查。(2)霧季已過，此後空襲必多，自下月起所有國民月會仍改在每月初第一個星期一上午六時舉行。(3)自本月份起所有公役勤務一律改比照工人待遇，其屬於新村事務股之雜工即由該股管理，其餘仍由事務課管理。(4)新進同仁日多，本廠宿舍不敷容

46

(47)

納致醫院及子弟學校均住有職員但各該處公
役除原有工作外對寢室不加掃除茶水未
能供給請各該主管長官嚴飭此後應不令畸域
一律伺應(5)上次廠長會議時討論關於各廠電力
分配一項須將大礼拜日確定後通知電力公司云
曾主任秘書報告本部每年例須派員各屬檢視本年度檢
視已定於本月十二日開始但何日至本廠檢視現係常年按到函報
惟本廠對於檢視之預備須於十一日以前完全
準備完竣由廠座被預行檢閱一次俾
有不週到處得以改善關於檢視時工務報告一項請或需請拖及有關工務之作狀況

47

工務處準備經費概況表由會計處準備，職員簡歷冊由秘書室填造，工人及勤務花名冊分別由工政課及事務課辦理，其餘土木工程處工人農場農夫以及勞動服務隊隊員名冊，均由各該部份自行辦理，並請均於本月七日前送至本廳。（以）防護工作至為重要，檢視官屆時或須檢閱，請醫院（救護隊）及勞動服務隊（消防隊）事先充分準備。（以）全廠清潔，其關於各辦公廳者，請各主管人員注意，並請轉飭各同仁個人桌上及抽屜內務必整齊清潔，廠房清潔及機器之佈置，由各所主管人員負責，廠房四週之掃除及溝渠之疏通，由廠房區之廁所[illegible]廠房小工任之，住宅區及宿舍[illegible]

49

清潔

渠之疏通由福利處新村服務股負責，各膳堂清潔事由飲食股負責，其他道路之清潔由勞動服務隊負責。(4)檢查之時，各單位如有統計表格，請盡量提出。(5)今後簽到簿仍用一本，副冊即行取消，各部份對於上級機關有希望改善充實之意見，請儘量提出，於七日前送本丁彙編。(6)簽名之時務必整齊，請各位轉知各同仁注意。

乙、主席諮詢事項

1、前派周秘書等前往二十一廠參觀，不識曾否備有書面報告。

周秘書　書面報告正在整理中。

2、金場長接收工人食堂後之情形如何？

金場長　小縣四家俱業已接收完竣，不日即可呈報備案。(以)廚役共有十六人，惟當接收之時，其中有某人忽呈請長假

229

現已備安心照常工作、(3)所缺器皿家俱、已添購齊全、(4)菜蔬除由本場供給外、其餘不足之數、擬向外添購、其他各膳廳蔬菜、本場亦當盡量供給、(5)秩序方面、尚稱良、惟以接收伊始、人頭生疏、致席次尚未排定、將來擬將各人席次排定、俾免閒人混入用膳、(6)本場經派工人膳食賬目、絕對公開、前曾召集各所推派代表商定、每週由各所中輪流推派監督人員一人、担任監督之責、此次第一所所派之監督人員極有負責、故成效已見、

主席指示　各膳堂可照此辦法、逐步改善。

50

丙、討論事項

1、會計處提議，本廠建築工程發包商材料在訂立合同時對擬料數量應予限制，單價亦應核定，否則材料單價增漲，本廠不特賠貼增多，更易引起流弊，致將來報銷困難。現在以低價撥讓之材料均未經報准備案，擬請於將來一併決算時補報，當否，請公決案。

議決 通過。

2、周秘書克功提議工人新村區域防空洞尚未完工，擬請轉飭主管部份迅速完成案。

議決 將已完工之一號洞口豎立木柱，俾於空襲時先行

52

容納避難工友及其眷屬、

(3)周秘書克功提議、查本廠各色工人甚多，但領用身份証時，僅技工藝徒小工三種類別發給，擬按其實際擔任工作名称，如理髮工、磨工等，分別填發，是否？公請討論案、

議決　人所有什色工人一律以小工名義呈署備案，發身份証時可按其實際所担任之工作名称填發。工廠准予領用身份証填發。

(4)工務處榮處長提議、此後各部份所發各種通知擬請直接通知本處各部份以資迅捷案、

議決　通過、

(5)盧秘書提議、據值星官陳喜棠建議、水泥空桶退回水泥公

52

53

司，每隻可作價九元，本廠共領水泥五百餘桶，擬請轉飭主管部份將空桶保存，俾作價退回公司，以節公帑案。

議決　通過。以前包商所領木桶，尚未繳回者，即予追繳，其不能繳回者，作價賠償。並由土木工程處負責，即日起所有水泥空桶另立帳戶登記。

(6)土木工程處蔣工程師提議，本處工程發包時，除由各商用密函封投遞外，開標比帳時，在蕭處長請假期內，擬請派員或由請兵工程部份派員到場監標（視），並指導案。

議決　由會計處派員及請土木工程部份派員監標。

(7)土木工程處蔣工程師提議，兵工署建築會議在每月初第一個星期四（上午九時）舉行，適與本廠廠務會議時間衝突，究

52

54

應如何辦理，提請 公决案。

議決 由土木工程處（建築會議）派員出席。

下、主席交辦事項

（1）本廠前以廠地不敷應用，擬續征七孔寺、石瓦廠嘴二地，前曾呈請 公告，現奉 署令已遂行政院核准開放征用區內民房，其可供本廠利用者可飭人民先行遷出，以便容納新進職員，請稽查室會同新村事務股（土木工程處）前往勘察。

（2）上次空襲時，緊急警報發出後，各眷屬仍搬取行李，擁塞洞口，交通為之阻塞，請分向同仁轉知各眷屬，此後於緊急警報發出後一律不准再搬行李入洞，以維秩序而免意外。

散會

主席

記錄吳新周

兵工署第十工厂第五次厂务会议记录（一九四一年五月六日）

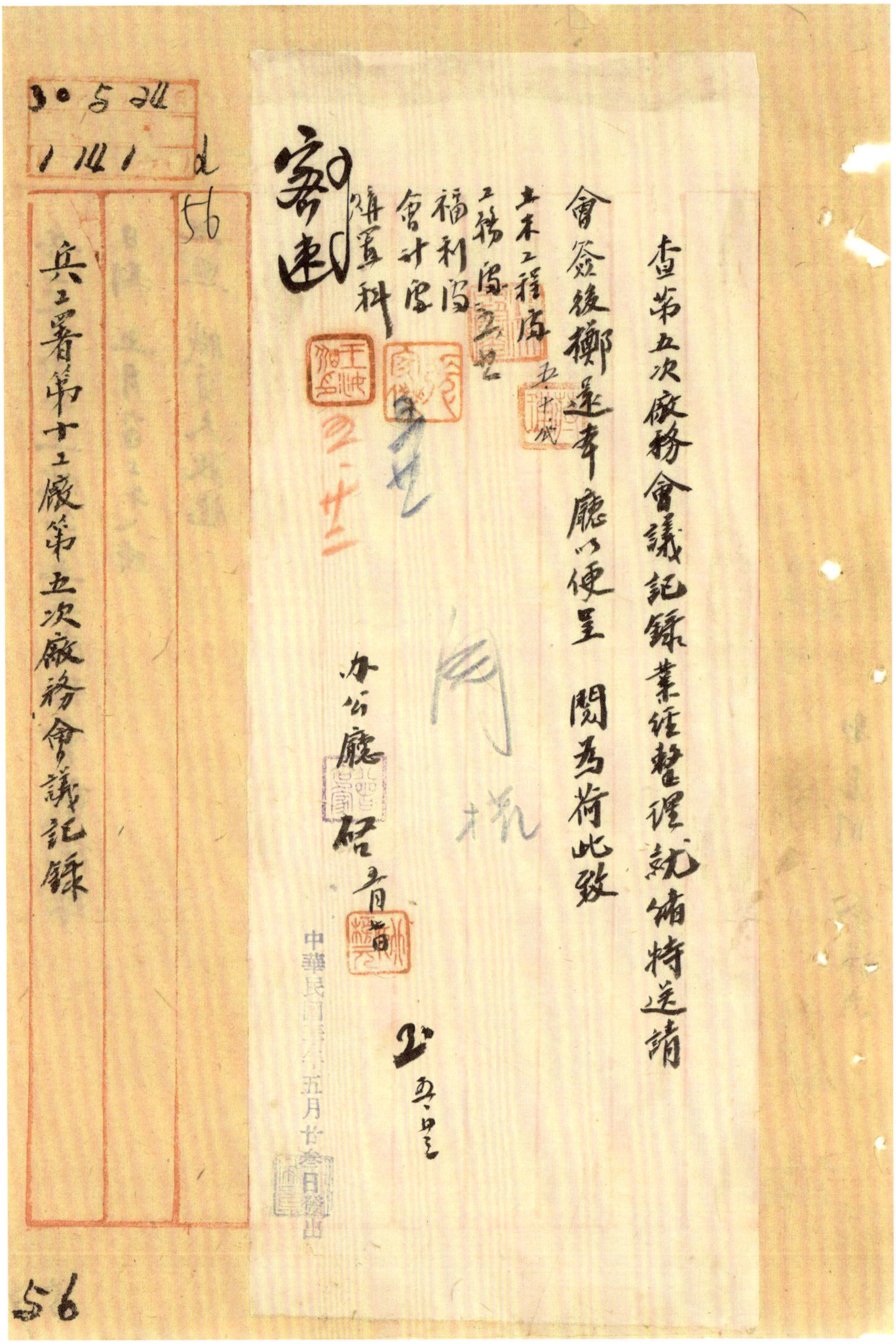
兵工署第十工廠第五次廠務會議記錄

查第五次廠務會議記錄業經整理就緒特送請
會簽後擲還本廳以便呈　閱為荷此致
土木工程處
工務處
福利處
會計處
稽查科
辦公廳啓
中華民國三十年五月廿叁日發出

兵工署第十工廠第五次廠務會議記錄

日期　五月廿日上午八時

地點　職員大飯廳

出席者　莊權　曾昭如　張方佐

廖學鄂　陳心元　葉永馨

姚擇元　林濟川　陳安静

吳鴻蒼　王汝衡　王勤

李惟迥　王[illegible]

程鼎　葛登元　成[illegible]

陳[illegible]　葉少英　黃[illegible]

蔡其恕　[illegible]　張[illegible]鎬

郭彥同　金[illegible]

58

主席莊廠長　　記錄吳新周

行禮如儀

甲、報告事項

主席報告(1)此次部派檢視官來廠檢視結果，對本廠一般情形尚稱滿意，此係各部份同仁平日努力所致，惟對警衛隊方面微有不滿，望該隊今後切實改進。(2)最近本廠低級人員呈請長假者甚多，此係一種極不好的現象，探其原因，實係工作方面[一種]單調及缺乏興趣，致引起不安於位及喜調心理，請各主管官對彼等此種心理的普遍多予注意，勸務使消除此種不良現象。同整，身處此非常時期，層峯迭有明令，該職員除確實患病不堪服務者外，餘均不准辭職，請轉告所屬知照。以後如隨意呈請長假者，可向為辭呈。

58

(3)自来空襲頻仍，消防方面亟宜注意，為防自来水管萬一有損壞起見，可將虎木橋一段山溪利用江水築一滚水壩，現據張賢先生已来本廠，可將此項工作交渠辦理。(4)第五山洞工程遲緩，可發交包商承造，材料山洞須趕緊開鑿，乙種住宅後面所擬開鑿之避難用山洞須迅速動工，成品山洞亦須火速進行，關於開鑿工務方之山洞，其進行步驟，可商承工務處長辦理之。（以上兩項均請土木課注意）(5)本廠存米不多，而外界紛傳本廠存糧充足[redacted]，致有向本廠借米情事，深觉難以應付，處此糧食恐慌、平民生活不安之際，萬一倘因誤會而惧恐發生意外，請轉知各同仁，此後對本廠存糧一項，勿多談，向外界隨意傳播。

59

60

曾主任秘書報告(一)第十三次談話會議決議案執行結果有關人事部份者：(1)各單位臨時互相調用之出差人員在出差期間及差畢返廠之報告，應由調用部份主管官核轉，不應由原隸屬主管官核轉，以免隔閡。(2)此後各單位調用人員，為有借補其他單位懸缺時，應先徵得其主管官之同意並蓋章後再行簽請任用。(3)以後續用新進人員須考查事實上是否必要及所擬用之人員是否確有能力，其任用簽呈尤須將擬派工作詳細填明再行呈核，切勿籠統其辭，致難考核。(4)新進人員其薪資應由承辦人事部份嚴予審核，以免[illegible]請委階級發生上[illegible]轉中復徙增麻煩。(5)新進人員到差後另填家屬詳表，送福利部份，其主管簽請任用時

60

照指一行繕 元吉

61

所填家屬簡表，仍應照填，送核，但由人事部份抽存，不再送福利部份。此項簡表工人方面亦可仿照調填用，以供各部份添用。（先前交付之小工）其体格應由醫師嚴予檢查，並請尊重醫師業務，勿代向醫師說項。

乙、主席諮詢事項

㈠現在值星值日官晚間是否住在值日室內？

盧秘書　答值星值日官於當值時多住在值日室。

主席指示　最近某晚打電話找值星值日官，結果均找不到。此後值星值日官務必住於值日室內。

㈡最近工人食堂之情形如何？

61

62

飲食股負責人全仲賢、(1)本股招办之大食堂煮菜用油不[?]注意，菜蔬較前改良、

飲食股胃口[?]工人之飯量加大，食米即感不足，本月雖稍減

(乙)關於飯灶方面、原有飯灶一具，僅可煮三百餘人之飯菜，現工友日增，已感不敷應用，且有傾頹之虞，故即另建預備灶一付，以備萬一，詎未及完工、舊灶即行傾頹，致當日煮飯時間延長，工友上工時間亦以是耽誤半小時，幸各工友均能體會其中苦衷，秩序尚常，其後預備灶甫及完工，開飯即使用。

佩掛號牌[?]證明之，俾資識別，如無此項證件者，不予開膳。

(3)菜蔬方面，上月平均每日須一百七十元左右，本月內物價高漲，預計每日平均須二百元左右，(4)舊有廚司二人，以其精神極不振作，已更換二人，(5)工友監工最出力者[?]請[?]

62

63

廠方嘉獎，俾資鼓勵。

二、農場方面蔬菜供應量如何？

金場長　本場蔬菜除供給職工家屬外，對工人食堂之供應量，誠有未足，現即將四戶所種之蔬菜補充，其價格亦較市價為廉。（亦平在本場出售蔬菜）

丙、決議事項

一、盧秘書提議，據值日官王豫宗建議，擬請將每日辦公時間改為上午五時卅分至十一時三十分，下午一時至六時案。（俾致工作午膳後可多得休息時間）

議決　保留交本廠工務會議討論。

一、盧秘書提議，據值星官周克功建議，請規定本廠制服並請

63

64

明令全廠職員、每人至少備一套等情，究應如何办理，請

公議案、

議決 1、呈請青灰色布為本廠制服、所需材料由廠墊款向平價購銷處購買、

2、縫級事宜、請總務科向市上縫紉店接洽

3、工務處工政課李課長提議、工人宿舍附近埋有靈柩一柩、現值暑熱、有礙衛生、擬請另行遷葬案、

議決 請新都工務股設法辦理、

4、主席交办事項

1、前曾規定值日勤務須佩帶臂章、俾資識别、然迄未實

64

65

行廳速遵辦。

(2)各住宅區須防周圍竹籬時被兒童損壞，即農場所植花木亦有被兒童損壞情事，各住宅應辦理聯保切結，互相担保，此後須防護竹籬或花木再有損壞情事，若不能認定某家兒童所爲，即由該段住戶共同賠償，其應賠償款即直從職工薪資項下扣除，由新村服務股通知各住宅。

散會

主席

記錄吳新周

65

兵工署第十工厂第六次厂务会议记录（一九四一年六月五日）

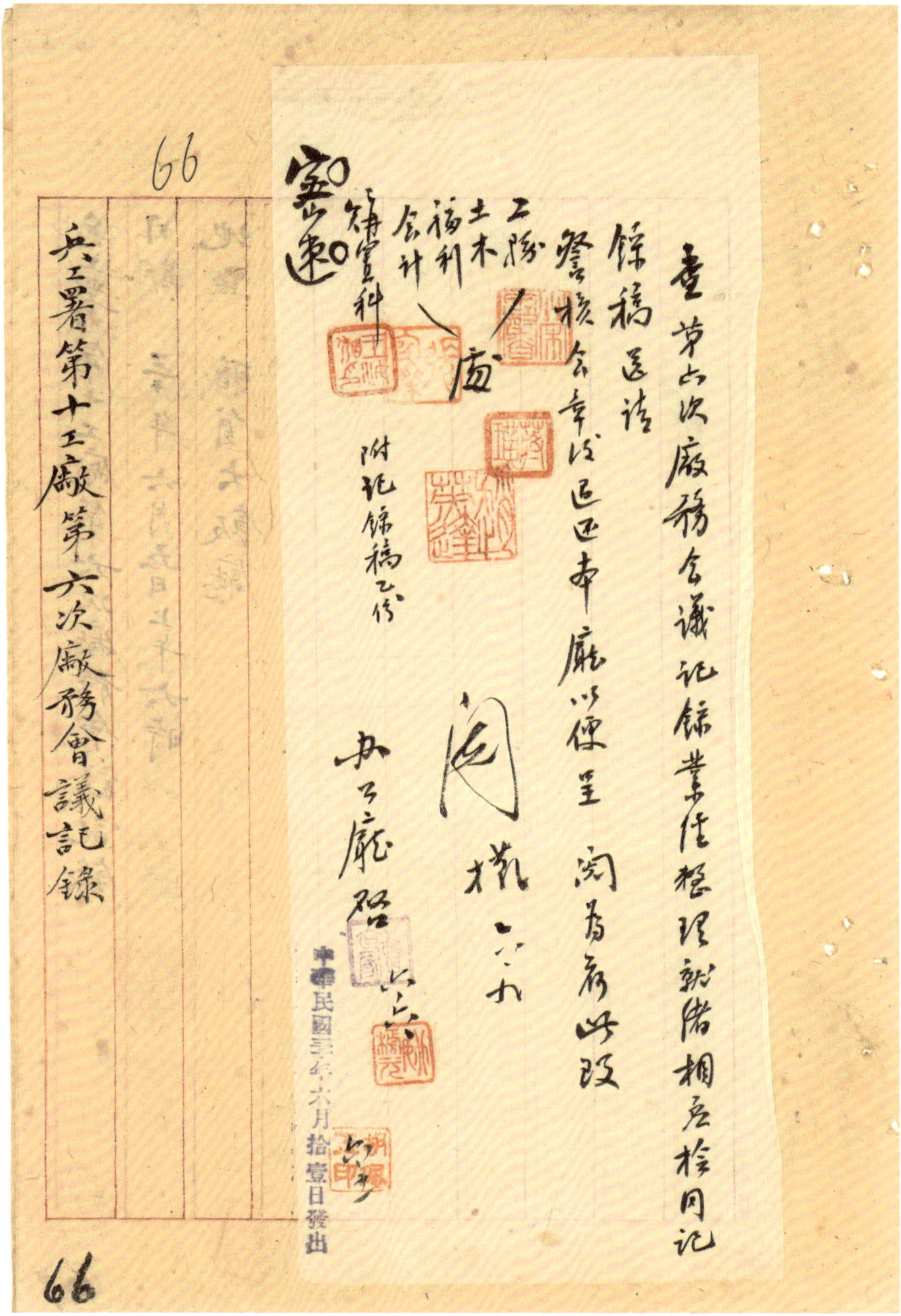

查第六次廠務會議記錄業經總理核閱相應檢同記錄送請
察核分送本廠以便呈閱為荷此致
工務
土木
福利
會計
經費科
附記錄稿乙份
本廠啟
中華民國卅年六月拾壹日發出
兵工署第十工廠第六次廠務會議記錄

67

兵工署第十工廠第六次廠務會議記錄

日期　三十年六月五日上午六時

地點　職員大飯廳

出席者

陳志新　吳[illegible]

姚[illegible]　沈克俊

蔡其恕　戴[illegible]

陳[illegible]　王[illegible]

葉[illegible]　周[illegible]

廖[illegible]　趙[illegible]達

花[illegible]　蔣[illegible]

張[illegible]

林[illegible]　陳[illegible]

[illegible]

[illegible]

曾[illegible]　李維[illegible]

67

主席莊廠長　　記錄吳鍾騏 [illegible]

行禮如儀

68

69

甲、主席諮詢事項

一、上次會議決議關於人事方面各項聯名部份切實注意至到差前必須填具家屬狀況調查簡表用意係欲明瞭各職員家庭生活情形以供必要時之參考工人方面不知曾否填具呈來

李課長：工人於入廠前均填履歷表詳載年齡籍貫教育程度家屬人數等呈榮廠長閱後存工務課

主席指示：此項履歷表應送統計室登記

二、工人宿舍附近攤販前係新邨事務股移交已否辦理

周秘書：因人手問題尚未遑算

69

70

主席指示　時值夏令此事應限期辦畢

三、據統計室報告近日工人壯丁夫役挪去證章符號者多未繳回（以試工工人解僱後之試工證及逃亡壯丁之符號為多）此種未繳回之證章符號工務課曾否設法追繳統計室曾否通知各有關部份

周秘書　於查明確未繳回後即通知各有關部份

李課長　近日外間各廠工資較高本廠軍需工人受其吸引潛逃跳廠者甚多均未請准長假一去不返且多遠離重慶即追保亦鮮效果

乙、報告事項

70

曾主任秘書報告：

一、制服問題已由購置科王科長招商承製，同人登記請製者已達二百餘套，惟承製商店係應被疏散者，究保不易，今更改繳現金保証，派縫工來廠裁製，又因人手太少，不能限期完成，現擬另行設法或托婦工隊縫紉服務部代製。

二、同事職員請假與核發生活津貼及考績均有關係，以後擬請依照規定，無論事病假半天或一天以上均應持請假單送秘書室登記，至因病請假一天或一天以上者應將證明單檢呈，至遲於第二天即須補呈，否則擬作事

72

條諭

三、據稽查室報告本月二日緊急警報發出後見銅殼部及第4020號兩廠房有少數同人打開廠門在內休息不但本身危險殊甚且門鎖既壞公物保管亦成問題

主席指示：緊急警報發出以後除有防護任務者外一切人等皆不准進入防空洞茲已通告周知應再申禁令由負責人加以告誡不准以廠房為休息處所

四、職員請准長假除因特殊情形經批准展期者外五天後概不給薪現已實行惟有少數逾期不辦離職手續仍在廠內居住甚至遷延一兩個月屢催不辦搬讓

72

准假除五天截薪外並限期半月將一切手續辦清離
廠，逾期除由秘書室通知其主管部份催辦外並由新村
事務股取消其居住資格
五、近有少數同人為利用廢物起見將藍圖紙製成信封
使用，查此項晒圖藍紙多係本廠內之建築物及機件
之底稿，似宜由各部主管部份設法注意，用杜流弊
金場長報告：最近由合川購到豬仔多隻，為防止患病
起見，擬請土木組趕造豬舍以資容納
盧秘書報告　五月份值星官值日官建議案　(一)傳達室懸
掛職員名牌以便考查案是否可行　在研究中　(二)煤屑

73

74

鋪設須用石碾壓路案已由勞動服務隊辦理中（三）設立茶室案已由訓育股飲食股會同辦理中

丙、討論事項

一、盧秘書提議 據值日官趙鳴謙建議擬取消壹二辦兩處辦公廳值日官併入總辦公廳輪值案

議決（1）俟總辦公廳移入新屋辦公後即予實行（2）值星官值日官於當值期內可分別指定地區會同稽查憲警衛隊值星官巡視（3）值星官值日官不必同時於同一地區巡視（4）值星官值日官巡視遇有必要時得調同各區稽查員協助（5）在非辦公時間值星官值日官至少須有一

74

八、設值日官室以備應付臨時發生事項

二、姚秘書提議：廢值日官似應改稱為總值日官以示別於外部之值日官案

議決：通過

三、曾主任秘書提議：擬請規定電話管理及通知接話案

議決：(1)以後外來電話(自動電話)在辦公時間由司機二用電話通知接話人(2)在非辦公時間由司機二通知值日勤務轉知接話人(3)遇防空襲長途電話線炸燬一面從速恢復由事務課派員與電話局接洽

四、曾主任秘書提議：以後職員調閱與本身職務無關之案

76

卷宜訂辦法以昭慎重案

議決：調閱是項卷宗其調卷單須由各處科主官
蓋章並註明調閱事由

五、周秘書提議：請將福利處事務股改為供應分配股
村事務股現管供應分配事宜移歸該股接辦案

六、金場長提議：農場為生產部份關於分配產品各事應
擬由另一部份辦理較為妥適案

七、金場長提議：各食堂用煤擬請規定數量及領用辦法
自七月份起擬請各食堂填具用煤數量表送由福利
處事務股核發領用證向材料庫領用其表證格式另訂之

76

77

主席指示：近日福利事業自趙[illegible]後，関於戒掌机構亟應為適當之釐訂，調整供應分配事宜，自与有関部份取得聯絡，方切實洽請趙組長統籌办理。

八、王吳所長提議：請將定之眷屬飲米限制办法，俾有遵守案。

議決：(1)依照规定，各部份坐以不帶眷屬為原則，故照例不能供給。廚伕米惟本廠对以公原准飲取者，仍予供給，以示決不通融，以重功令。(2)虛報冒領經查出後，如情節重大，即予開除，輕者酌加懲处。(3)日期以二段課列，該案事項應予二日期為準，辦以福利部至只通知眷屬調查登記日期為準。請將福利[illegible][illegible]切實聯絡。

77

78

九、陳所長提議：本部積存鉋花應如何處理案

議決：(1)此後土木科所屬及木工部份鉋花統交合作社保管出售(2)為免搬運困難起見由各用戶向合作社價領鉋花規定時間為(下午四時至四時十分)自帶籮筐向木工部份搬取

散會

主席

記錄 吳鍾騏

78

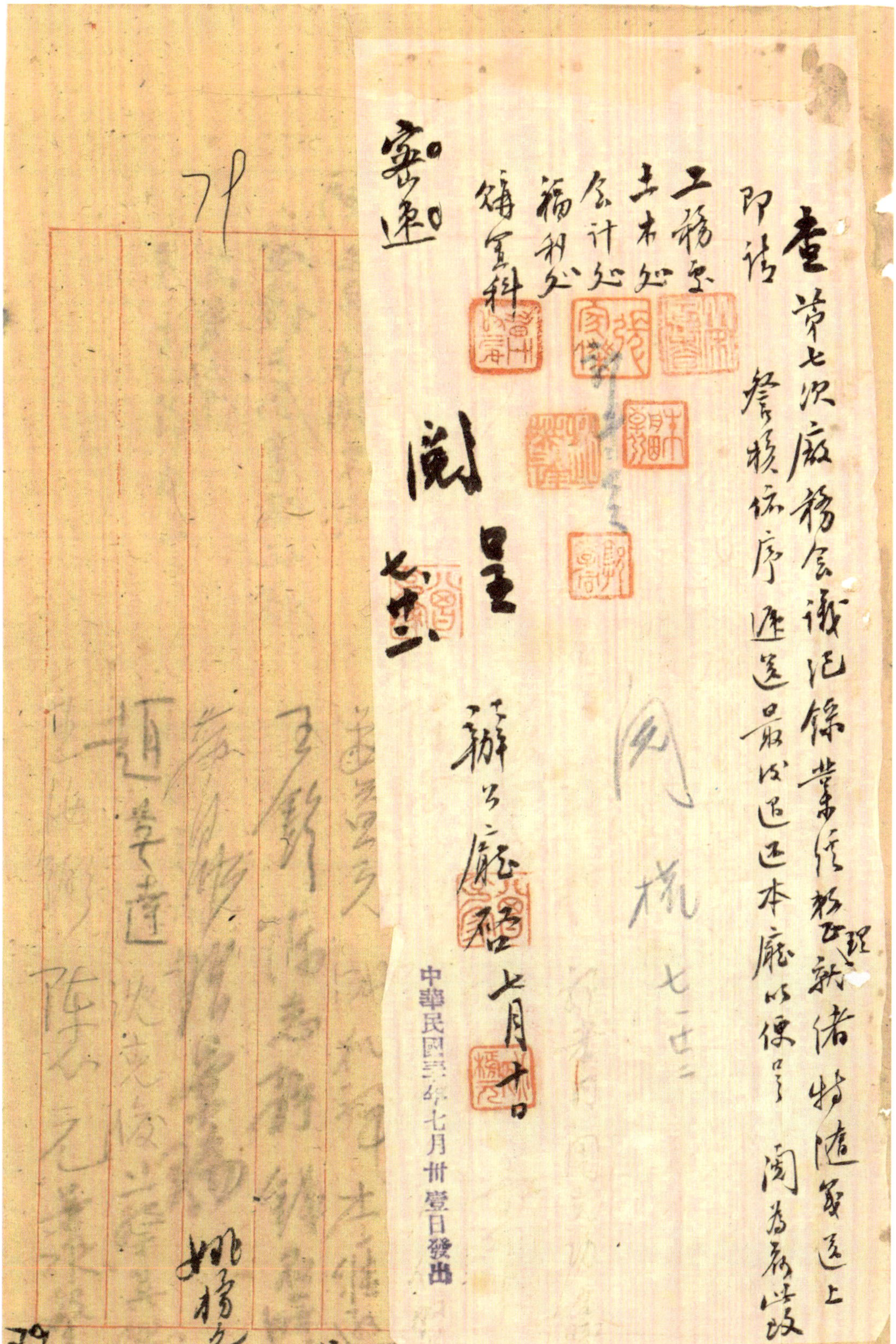
查第七次厂务会议记录业经整理就绪，特随签送上
印请
察核，除分送外，最后送还本厂以便归档为荷。此致
工务处
土木处
会计处
福利处
稽查科
辦公廳啓　七月十日
中華民國三十年七月卅壹日發出

80

主席 莊廠長　　紀錄 汪錦　吳科勝

開會如儀

宣讀上屆會議紀錄

（甲）主席諮詢事項

（一）主席：電話綫修復情形如何

曾主任秘書：自動電話綫正在修復中，長途電話機已

兩沙坪壩電話局裝設

（二）主席：調卷辦法曾否規定格式

吳秘書：凡職員調閱與本身職務無關之卷宗須

80

(乙) 81

由文書科長蓋章送請明調閱事由此項辦法已於七月一日起實行，近來隨便調卷之事尚未發現。

(三)主席：發米辦法（本年六月至）……統計數字有否偏誤？

郭專員：已由事務股編制橫表，各股米單記載，經發清楚，擬送主管核閱，併呈修正，屬於各股米糧情形，由報業員送主，全部米糧由事務股按月送報。

(四)主席：工人會客如何辦法

李課長：上下特間例不許會客，以外特間由管理員通知工人到工人會客室接見。

(五)報告事項

(一)曹主任秘書：最近奉軍委會密令通於防止

81

82

奸谍工作案，综其要点有四：（1）各单位主官对所属职员平时行动须严密注意；（2）焚化字纸须负责人员严密监视；（3）调阅卷宗须加慎重；（4）传达室对于来宾须详密登记，以便稽考。已由办公厅将此项密令及取缔办法摘抄通知各单位注意并饬遵办毕，即将原函通知送回。

主席指示：关于监焚字纸一项，规定为值日官职务之一，目前似多忽略，以后务须切实执行，亲自监焚字纸，未烧毁前不得离开字纸炉。

（二）曹主任秘书：以后值日官建议于传达室悬挂职员值日姓名牌。

82

85

以備查考。現稽查室已備有官佐名冊一本，凡來賓訪晤或
負均可按圖索驥，並由來賓填會客單二紙，送請被訪人蓋章收存，并引入會見。又
傳達兵對賓客留宿於二天以上即須通知我
卸脫以往月第試加法，試行單位主官轉知同人對於
試加之認為不妥，歡迎仰指正改善之處，均可建議
同時希望全同人對無可避免之手續上之麻煩予以
諒解。又工人經介紹來廳試工此應由傳達室以電
話通知工務課派人接洽。
（二）主席：查本廳人事分為部份職員及秘書室士兵
已漸上軌道，工人方面因工務課主管，但工務課派法重

83

84

昔大都偏於事務上之工人，至他各部份之工人則加考核，須（三思而退多未）
知工務課為全廠之工務課，非僅為工務上之工務課，事權
若不集中，效率何從增進。各部份對於尊重
工務課之職掌。福利處來文籌置科，擬於本廠
將需用工人名額責行開列，送由工務處長核定。尤須
福利來函注意下列兩點：（1）無從添用工人事
實上是否需要；（2）所擬添補之工人是否合用。須經
於考核之職之所有人員，已有集中辦理之趨勢。
將來新編制當經議決入工務科處理之。
案處長以為本廠工人性質較為單純，工務處外各

84

85

此係用雜工甚廿，故工次須半雪清亮者，以◯◯運

轉房勞動。該先後成立以小工名義支餉最近發

的共六路稱小工人數日家[illegible]

（三）藥從長之：近月本廠職工無大病者屬合計不下三千人

而醫以設詞制人之[illegible]不過千人，人手方

面既感不敷，而病房之設備，記六月份統計，初復診

共四千餘人，平均每一醫師每日須診治五十人，此外為須

出診及療治住院病人（現有十一人住院），關於出診

一節，每職工非運至無何（在加工時間內），則不到院就診為便，果係重

症不能行動之人，則用担架舁往（醫院診治），因醫師每日門診

85

此条改为讨论之项列第一条 8

惟逾晚间应有换班之时间不得不将休息以期恢复疲劳

精神应付习常工作且应修整机械及应用药品

诊时亦不得不随便休息也

（一）周秘书：第一防空洞因无专人管理，每逢空袭秩序不易维持

（二）李课长：工人于紧急警报发出后仍不进洞，及闻飞机声轧轧始蜂拥入内，更有牲畜宿舍者入洞避难

办法

主席指示：第一洞应由警卫队负责维持秩序，第四洞应由宿舍管理员负责维持秩序

86

87

此條改為主席交辦事項

(四)郭李簧：報告本年一月份至六月份發米數量

(丙)討論事項

(二)全場長：各部份工人，因性質不同，作息時間亦異，因於用膳及其他管理均感困難，擬請設法補救案

主席提示：可由飲食股擬具詳細辦法，與工務課協商辦理

(三)主席：本廠戶口調查自去年十二月間即開始討論，迄今尚未舉辦，以致確實數字無從得到，此項與本來問題稍有關係，近之發覺人數不符之事多起，故調查工作不容再緩，按此項範圍各廠均屬不小，如以各廠為單位較難，爰請加緊辦理（開擬）八

87

88

口登记应属(稽)即事孙股主管,事实切调查须由稽查室执行,此项合同办理

(三)王科长:购买科运输股被各部份挪用,遇有急待搬运之物料,不得不雇临时工,以资应付,但工资太昂,殊不经济,拟要二办法利用厂内之人案

王主席指示:(一)由各课调查各部份之人中能担任耗体力者共有若干人,予以登记,遇有输运物料或地(?)搬运厂内,即可轮流指派;(二)工资比照加工(每日米八斗左右)办法

(四)郭专员:价发(盛)厂价食米,对于有眷属者(?)数号,若以周等项价计算[illegible]公家[illegible]补贴[illegible]王金(?)应房

88

现已由县经政编造统计表送

另以法制统计编审之订核阅，特批[illegible]人名

仍应予询问有何办法统计

举办费之办法[illegible]雇用之人自愿单身为原则，但予执[illegible]

单身之人[illegible]单身者[illegible]自由志愿

并未得到普属米粮之优惠，而时得之[illegible]领得普属[illegible]

亲者同姓之外婚相异甚多

[illegible]另作考虑

主席指示：(1)该新利处对于单身之人须设法

定予设法处理予以精神上之安慰而减少见异

思迁之念　(2)对于不需要之人不得任意添补，厚有

者予以点退，俾节省粮消耗，其标准由二科处核定

(五)全场长之工人解雇问题[illegible]领

仍应隆重欢饮，甚至连以鼓天膳费，拟收

84

89

90

張處長：此可引起修訂職工資問題，付合併討論。

蓋工人一經錄用，[illegible]依照工資區域標準，以對於技術上過不去影響者，且易引起怠工之弊，此種工人因須[illegible]

似宜另一妥善辦法。

決議：由會計處將備用（工人工資結算）細單格式改訂，後交總務[illegible]。

（六）王科長：押運工原委任孫玉振，每因事實需要隨身攜帶銀款，但其工資甚微，倘遇意外無法善後，最近押運工譚友明遺失六百元，即其實例。

主席指示：（1）應由押運處辦理之，不得令押運工辦理。

（七）押運工出差不准攜帶款項，如由押運者攜

90

同辦理（3）押運之名義宗要否取消

（七）周叔彭：訓育課主辦電影放映及各項游藝會，前因事延期時須事先通知，又須順延，不可延期

成課長：電影因須與外埠放映順延者可以延期

總有空

（八）金場長：各部份燃用煤炭，專用大塊，今後以碎煤屑，大力較差，務望節約之道，擬請一槩利用煤屑分作，俾免浪費

趙處長：根據本人過去經驗（1）每二千人應一個

用西廠燃之煤大量晝夜不停發一爐本廠

91

92

目前尚未達到此數，本廠目前所用之煤質與標準甚遠。（五）煤炉構造及燃燒技術均與消耗數量有關，查本廠煤質甚劣，有時發火不到熄燒，燒技術尚須改進。

主席指示：除製造總須用大塊煤炭外，其餘部份[illegible]燒用，不好之煤亦可混和入燒用。[illegible]又新修煤炉構造應飭飲食股施以詳細檢查是否經濟合理，如要斟酌予改造。

（九）余課長：關於購買材料之付各商號款項，請即將各項手續如期辦理，通知會計處製票付款。

王部長：為節省起見，凡購到貨物，為保存之件，須經使用部份檢驗。

92

93

執於僑貿地種之方面皆無問題祇本人在傳言等上

加蓋閱章再行付款

余課長之但遇主科長因不能出席專派他人代理則

付款之手續須與擬似宜補救

（丙）戰區秘人僑匯可否由本處函三所代為集中代理寄

（丁）主席報告事項

決議之由調利處詳擬辦法 ※（參閱第五頁）

主席

紀錄員 鍾騄

93

兵工署第十工厂第八次厂务会议记录（一九四一年八月七日）

阅 呈
94

第十工厰第八次厰務会議紀錄

時間：三十年八月七日上午六時

地點：職員大飯廳

出席人：

[illegible] 張光 盧[illegible]
朱[illegible] 王[illegible] 丁安[illegible]
林[illegible] [illegible] 英[illegible]
[illegible] [illegible] 沈克儉
[illegible] 李[illegible] [illegible]
[illegible] 周[illegible] [illegible]

94

王思危　葉[illegible]馨
張樹玉　吴[illegible]
程仲鳴

主席　莊廠長　　紀錄　吴鍾驥

主席諮詢事項

一、稽查室調查人口工作如何

晏主任：以前每月抽查一次，最近因調查工人眷屬食米，此種抽查人口工作遂致暫停，關於工眷食米事，現已查畢四分之三

二、來賓有留宿於住宅區子弟學校或醫院者是

96

否皆向新村事务股登记

周秘书：皆由稽查室予以登记

主席：与新村事务股有无联络

周秘书：凡留宿在三天以内由稽查室登记，在三天以外须向新村事务股登记

主席指示：新村事务股、稽查室两部份须确实联系，切弗各自为政，须知厂方并非拒绝来宾访眠及留宿，但为厂境安全起见，对于进出人等不得不予登记，俾得一确实统计，以资戒（备）

（备）单人宿舍、医院、子弟学校及其他公共场所未

96

97

得總值星官或本人核准不許留宿來賓甚留宿於住宅區者須由住戶各自負責外亦須得總值星官或本人核准請於部係轉告所屬同仁深體此意同時尤盼新村事務股稽查室並取聯絡

三、上層會議由工政課查明各部係純粹勞力工人數予以登記以備輪派臨時搬運承已着辦理

李課長之調查結果來處現有勞力工人五十八人工務處可抽調大人五十人勞動服務隊有五十八人其他部工五十三人（農場除外）

97

98

報告事項

一、主席報告

1.焚化字紙雖屬值日官之職務，仍盼各部份主管人員多予注意，飭下班前焚化之。

2.本廠防空洞數目與職工人數不能成正比例，除第五、六兩洞未完成者應儘量利用他洞，凡工務處職員可給通行證暫限第三洞（格式已由統計室擬就），其他各部份職員遇必要時亦可向工務處領通行證進洞避難。

3.本廠編制業已奉准，此後變動機會當少，本廠於籌設技術時屢經蛻變，以漸合於實際需要為主，目前編制較之他廠實較新穎而合理，於實施第

98

已送交部，俟廿日檢討，並請職員支配列表呈核。

又本人閱讀談話會紀錄，結果甚為扼要，可稱滿意。

綜新編制之特點，工務處及廠長辦公廳為最切實際。良因廠次蛻變，章短節長及人事上較為安定之故。

會計處因工作範圍有嚴格之規定，故編制方式與大致上軌，業務負責點亦較充實。惟福利處歷史甚淺，其工作範圍又採廣泛，新編制內並列五小單位。按諸本廠實際情形，組織實欠健全，就目前而論，成工最感必要者為合作社及醫院兩單位，均應予劃改進充實。按合作社以往業務不振，推動之原因有二：

㈠限于主持人之能力 ㈡会计无人整理致业务亦受影响 今后拟另行派人接办总务会计了解由会计处派人办理 多专注精力于业务之推进 关于社服方面则由会计处筹拟经费于消费之外增设生产公用两部 部份生产部份包括农场生产储蓄部印刷部 医院拟增加病室添筑隔离病房及扩舍 并加聘特约医生 夫本厂近来业务繁殖 同仁之努力尚能平均发展 惟尚有一大缺点即各单位间殊缺乏横的联系 盖做事非同做官 做官尤多以卸责为能 以少管事为妙

做事則以專力推動業務為主，惟本廠有專管部份之業務與他部份彼此不達共洽辦而必需請本人批示辦理，則此係殊周折，減低工作效率。此後切盼各單位主管人員注意於橫的聯繫，務以坦白率真之態度和衷共濟，則業務推動必迅速多矣。5. 請全場長注意數事：a. 農夫與技工管理方法應有分別；b. 農夫應注重技術上之訓練；c. 農場工作時間應視季節為轉移，不宜任意調派雜差致誤農時；d. 農夫對農作物應如何負責培養，請詳擬辦法送核；e. 對管理

102

長之人選請趙處長早日確定　7、考工事項屬於工務處此已上軌道，未補置兩科以收新進之職稱依職務便　8、本科及農場工人應由新村股另備一食堂

二、王科長報告：八日前有成品一批由本科駁船渡江解庫，儀重量已達限度，但容量未滿，當時有工人及其眷屬多人一擁而上，不知下有成品情形，殊為可慮，當即盡力制止，俾免意外，擬請飭知各部份本科裝儀器材成品之駁船不准搭客。又上月十四日晚月色甚佳，有空襲之後，擬渡江看視

102

103

業已常事之成品其他本廠渡船不肯開行或費

屢告快快解繳

主席旨示之所未盡而予一）奧海買料而和野衛隊

規約

住户号数	每户灯数	核定用電度数	每度收费若干
一村一号	18	30	弍角一分六厘
一村二至八号	9 8	20	仝右
一村九至十八号	7	12	仝右
一村十九至卅号	5	8	仝右
一村卅一至六十号	3	6	仝右
一村七十六戏工住宅 一号至十号	[illegible]	2	仝右
二村工人已成住宅 一号至五十二号	2	4	仝右
二村工人临时住宅 一号至四十四号	1	2	仝右

未編号之戏工住宅每灯限用二度

輕減工人負担案

以度數每度按

力新價收費也

103

104

二、铜锣改作防空警报，二周以后本厂警报拟用竹柝辅助，试验结果声响太低，拟改用金属器具。

决议：改用金属器。

三、用煤之种类。金场长、赵处长拟议用煤及炉灶问题。

决议：二、六工厂全用块煤，食堂以用烟煤为主，但在警报时得搅用块煤，以增火力。二、炉灶仍予保留，另约合理炉灶看燃料。

四、金场长提出警报时之人员用膳问题。

决议：遇有警报应将饭先行煮熟供食

104

但菜舖不必備齊

五、稽查室提出新門管理問題

決議：新門以愈少愈好，爲使多設平时只留一門出入，飲料及送木炭之工人以及與衛隊並上山均須繞道，則另開一門以便出入

六、王值日官德基提出修路問題

決議：由土木組組織苦役隊担任經常舖修道路及疏通水溝之工作，將原有之運輸隊撤遣

散会

主席

紀錄 吴鈺

兵工署第十工厂第九次厂务会议记录（一九四一年九月四日）

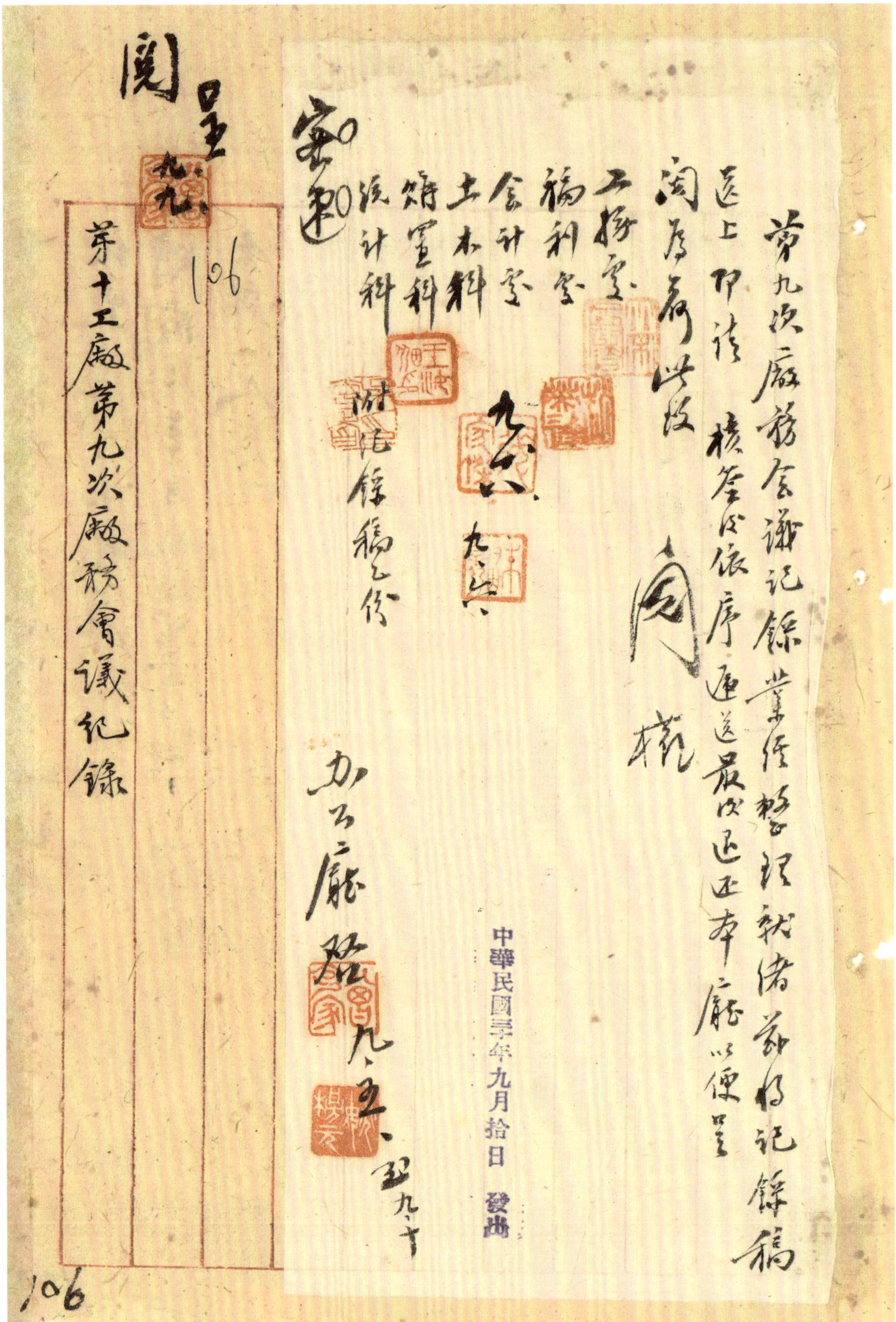
第九次廠務會議記錄業經整理就緒茲將記錄稿
送上即請 核簽以便依序遞送最後送還本廠以便
閱後存 周 核
工務處
稿料室
會計室
土木科
總務科
統計科
附註錄稿乙份
加工廠
中華民國卅年九月拾日 發出
第十工廠第九次廠務會議紀錄
閱 呈
106

107

第十二廠第九次廠務會議紀錄

地點：職工大飯廳

時間：三十年九月[illegible]時

出席人：

[illegible]　[illegible]

沈克俊　[illegible]

[illegible]　[illegible]

[illegible]　[illegible]

[illegible]　李[illegible]

[illegible]　吳[illegible]

[illegible]　[illegible]

鍾[illegible]　張[illegible]

林[illegible]　[illegible]

朱[illegible]

[illegible]

主席　嚴廠長

107

列部告之後

108

宣讀上屆會議紀錄

主席開諮詢事項

一、今日會議遲到者甚多，以後凡有定期之各種會議，除非事先通知改期外，即按時出席。

二、請各部份同仁每日是否按時到公，請總務室考查具報，并各部新主管注意簽到簿之真實性。

三、來賓記近日執行情形如何

羅主任答稱：往往有來賓留宿，事先並不填留宿記錄，嗣後如來賓應經稽查室查詢始行補填。

主席指示：請各同仁轉告家屬將份子續送留宿

108

109

設職員單人宿舍留宿來賓有逾一星期以上者單人宿舍及公共場所與住宅情形不同以不留宿為原則即留宿亦宜公共撥房間以三日為限按條例逾限應向住宅區設法俾

二、工務處山洞通行證發給情形如何

李處長：工務處職員全體發給

主席：是否全體入洞避難

林課長：因第一洞空襲情報較靈，所以多入第一洞

主席：宜勸同仁儘量入第三洞，勿使第一洞人多擁擠

109

110

三、補助警報器如何用警鐘能否全廠皆可聽到

李課長：如懸掛高處可使全廠聽到

榮處長：手搖警報器即可增強其音響，與警鐘相差不遠，似可採用

主席指示：手搖警報器應從速修理應用，田村柵之號音不足聽時可改用警鐘，……由本工廠規定辦法通告

四、戶口調查情形如何施行

吳主任：八月份已調查完畢，所得結果與供應分配股之總數不符，蓋住居廠外之人口並未計入（附表）

110

報告事項

一、主席報告：本廠單身同人因膳食缺乏營養，健康日趨低落，伙食問題之嚴重性本人極為關切。改善方法本人認為首宜酌加膳費，俾與物價相應，菜館質量尚可增進，請吳專員注意辦理。統計科設立之要旨，係依據蒐集各方面工作進度之確實數字而考核人事物力之是否得適當之配合，以作廠務設施改進之依據，甚望各同仁對統計業務予以重視，並與合作，俾能達成任務。本廠前統計室成立未半年，絕無顯著成績，但今新任對於統計

112

业务之意义已有相当认识，由本厂会计主任兼任并已开始办理，今后

计室改科以总其成，科长注重于动态统计，由

各部份供给原始统计资料，而由统计科综合

研究，以集大成，所有各种报表均由统计科设计规定。

五、宿舍 厂内职员众多，锻工设备，极有关系，为急需，年来

补充计划，以致各住宅之修建，及新村亦未完成

[illegible]经费所限，遂须先建主要宿舍，以免缺乏，另案

及厂情形整理，环境实可随时修理，[illegible]

[illegible]何[illegible]患，由本厂道路问题，俟本科注意

列入点，且厂内之值得来加注意者为最大[illegible]

112

結論：此項宜於雨天派員視察山水下流趨向，疏引入江，以免橫流破壞道路，已淤塞之处即時修理，並派專人管理。

二、金場長報告：農場因多亂草荒蕪而及蒙修飭，來近日較受各方之責難，若將改進办法實施。

（詞長不錄）

三、王科長報告：本廠卡車損舊，致運輸力量減退，繼續購新車，結果已有向本廠推銷者，該車現停海棠溪，俟其駛至化龍橋詳細檢驗再行定奪。

114

討論事項

一、福利委員會提議：單人宿舍早告人滿，新進同仁無處安頓，擬請利用窯居案

決議：子弟學校所需房屋，因該工程借給單身館之該校教職員，可即遷回，將單身館讓出，借作暫住，一面由本科從速完成之宿舍

二、主席提議：廠境內輕便鐵道多已損壞，亟宜拆除重修，在此過渡時期擬改用自製板車兩輛，兼將道路放寬，以利內部運輸事

決議：由工務處設計，及本科試製板車

114

敬禮

主席 蔣廠長

紀錄 吳鍾驥

115

116

第十工厂稽查室八月份厂内户籍月报表

区分别		厂内住宅职员眷属	职员单身宿舍	住宅工人眷属	临时住宅工人眷属	宿舍工人单身	[illegible]眷居	工役散居	职员眷属散居	工人眷属散居	兵伕宿居	佃户	包商						合计
人口总数	男	130	121	105	70	584	29	227	124	48	157	20	66						二一三四人
	女	169		117	58		14		13	35		31	7						
	仆	41	5				2												
	暂居	6																	
异动 迁入	户						1												
	男						2												
	女						1												
迁出	户	2																	
	男	4																	
	女	5																	
死亡	男	2																	
	女	1																	
失出	男																		
	女																		
暂时他往	户																		
	男	14																	
动	女	8																	

村　　类

3

兵工署第十工廠第十次廠務會議紀錄

地點：職員大飯廳

日期：卅年十月四日

時間：下午三時

出席人：曾克木　盧偉瑤　張[illegible]

朱朝綱　趙英達　沈克[illegible]

姚揚元　吳衍替　聶昌光

林清祥　王海澂　葉振聲

王毅　陳孝榛　吳傑

鍾秉鈞　謝錦鳴　李維迪

宣读上届会议纪录

主席谘询事项

一、板车已否开始试造

王总工程师已去函交通部并嘱速接洽向该部索取图样以资参考，现尚未寄来

二、厂内水道已否派专人管理

朱科长：新村区域之水道已派朱技术员世铭

5

負責辦理。同來之衛隊正與之商接洽以免中途發房

區域之水道已派蔣經師璿負責辦理設計劃中

主席指示之小水下流路線，應隨時變動修理水道（祇視為緩）

經常都須指定專人辦理，以免臨崖時束手。

三、備僕登記問題已辦至如何程度

鍾秘書云已擬就具體辦法，下星期可呈核

四、華人廚房設備已否改善

鍾秘書云地板已修好，其餘各項亦在辦理中

五、華人宿舍內勤務兵服務情形如何

鍾秘書云人手太少，臨時遣派恐時感不

列報告第一條

敬陳

主席指示之以後夜晚空時間不得隨時遣派（本身有關職員差遣出發）

下　請某事先報核加入食堂膳食

一、吳專員之職員膳費自九月份起已由每月廿五元增至卅元月結帳將支了可平衡菜蔬質量均有增加同時尚擬備九月份結存食米三石餘

下　米亦有七斗　工人膳費自九月十日起已由每月廿元增至卅元菜蔬亦增加擬九月份價較八月份又漲甚感不易維持月份結存食米十石之

升餘擬級餘糧價較低不動用而作物價續

7

漲時補助案，決，。

主席：工人照實價，九月十日起照每月卅元支配，以前

九天仍照舊穀計算，另全月照卅元計算，總存據

特申

吳專員：以不超過卅元為原則，如有不敷，擬在第四區

期內減肉食以使收支平衡，或須只食壹六照此辦理

六、前已商與周經理，為免除因物價步漲影響鄉民成本

起見，合作社進貨至卅須預備三個月存儲量，決

社合作社進貨是否照此標準（合作社現有七項名額），因缺進貨物不多未到

趙處長：該社物品尚有三個月存量標準

不差

主席指示：目前购置物品以争取时间为第一要义，请
处长与周经理设法完成此原则，否则福利处会同合
作社应同负其责

六、警卫队及劳动服务队近日膳食情形如何
队长：劳动服务队因照工人待遇，膳食情况
稍好，警卫队士兵编制原根据[illegible]自合作社协办
伙食膳费更差
主席指示：士兵每饭不饱何能服务，殊难以
会计处妥筹善策，有经据章定之不同，不宜
拘泥成法，应视当前环境力谋解决方法

[illegible]

報告事項

二、李課長報告：新進工人不合作的多病，其甚有到廠不久患病沉重，門診死亡，廠方救醫埋葬等費為數不貲。又工人思想行為不純正，殊影響廠方安全，本課屢以此情形通知對於保警機構檢查及究竟是得證移交手續，屢機構不依手續，其概予退回，乃所以杜損失，謀安全，並非故意留難，甚盼各部份對工務課之立場予以諒解。

主席指示：本廠人事分職員及工人兩部，職員向歸秘書室人事股辦理，較上軌道；工人方面係由工務課負責辦理，但需多負責為謀之情形，殊屬不妥，今後㊀宜由工程師室研究工

10

资本之标准 (三)各单位应尊重工务课之试验

凡工人手上一切应负手续必须由各处传讯检查尤能

医院负责办理内外情面

三、会计处报告:短程出差旅费现拟比照最近经下

修正长程旅费另行研究修订办法再由厂单订办法

第一二三四五各项(系文件附)修改由厂长核准即施行

讨论事项

一、厂长提议:主席 拟租民房修建化龙桥两地租赁民房以供试

二、筹备房屋代案

决议:由土木科、试工福利处会同收回民房修民房 进行征

一、西外化龍橋党組房屋

二、房屋統一採購修用分部採辦以後提建案

決議：㈠以後辦公用品明事務課採買 ㈡土木科兩部修所需之全材料等件明編置科採買 ㈢有專門性質之儀器之具等件由總管存其指派專人辦理

三、利用本廠各部修房之人力加強西部運輸線力案

決議：於一星期內擬具詳細計劃（由秘書處起草）經各部修討論後再提出下屆會議計劃中應注意兩點 ㈠統一指揮 ㈡管理方式

12

四、節省人力以增行政效率案

決議：由統計科秘書室會同研究擬具實施辦法（並由各主管官）

決定：㈠裁減冗員 ㈡淘汰辦事不力之人員 ㈢調整行政上不必要之機構

~~實行分層負責制以省公文周折之無謂手續~~（必要時得酌量減少）

五、廠長辦公廳擬設立來賓招待室以資便利，尚未辦到以前，予

俾之新進同仁及因公接洽公務之來賓膳宿有所

案

決議：由事務課籌備辦理

六、會計處提議規定職工獎懲標準案

決議：由工務課統籌辦理以昭一律

13

七、會計處提出本廠急需有普通借支辦法之處應否加以

予限制請公決案

決議：由會計處擬具辦法呈核

八、值日官朱淵民建議：農場農夫宜改用包工制

以便考核而增產量案

決議：由福利處詳細研究，並先試至農業促

任命朱淵民及[illegible]為[illegible]人員[illegible]中對農

事有經驗及[illegible]趣者推[illegible]

九、趙處長提議：以後[illegible]每月[illegible]

請撥定[illegible]以先[illegible]

決議：以四十歲從飯食[illegible]管理[illegible]

百分之

14

食堂以六十[illegible]供[illegible]者改至[illegible]食用[illegible]另加[illegible]由福利委[illegible]批示

敬令

主席

蒋厂长

纪录 吴锺[illegible]

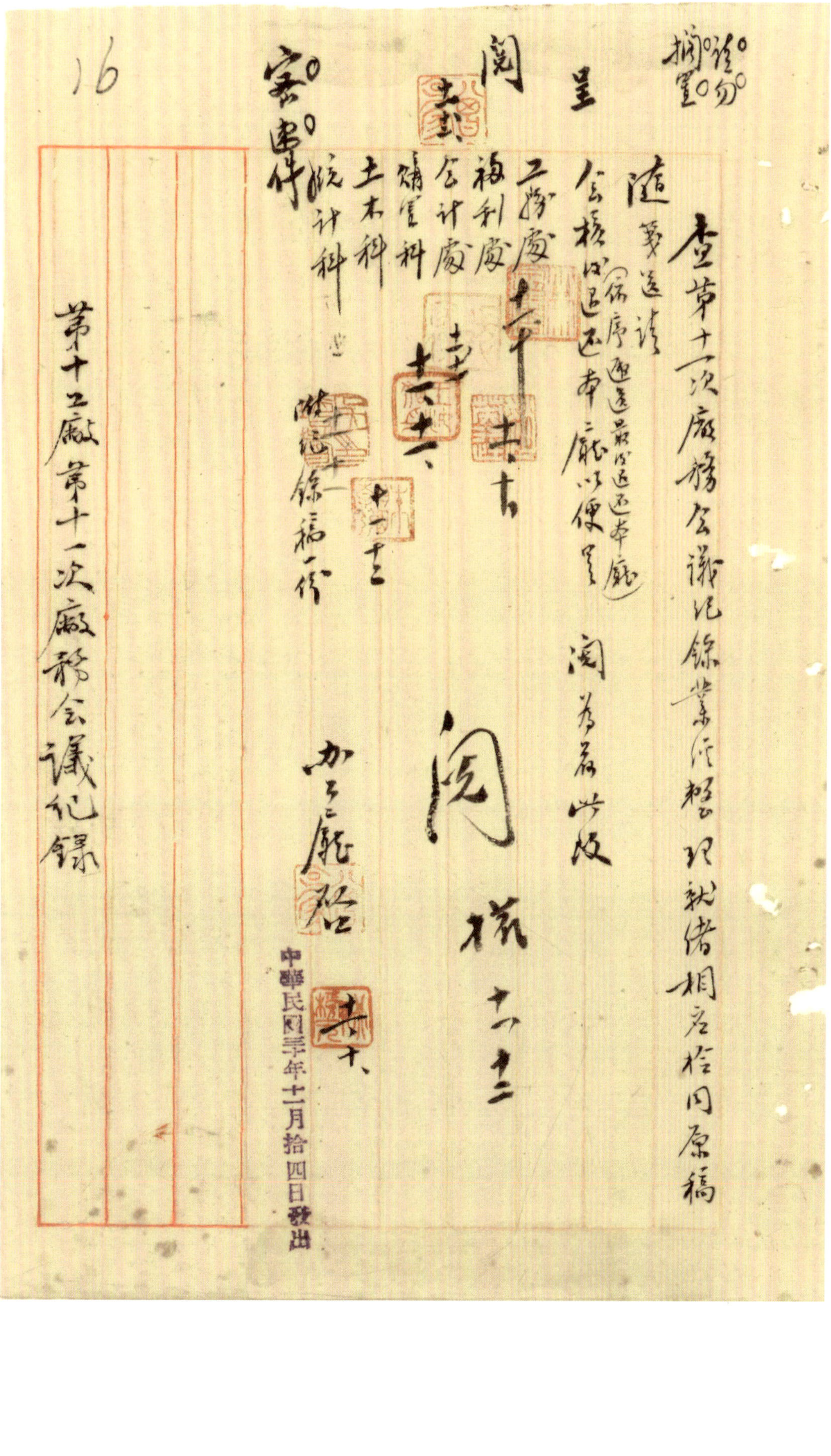
16

注分 摘呈

呈

阅

密件

查第十一次厂务会议记录业经整理就绪相应检同原稿
随文送请
会核（备处迳送最后送还本厂）后送还本厂以便汇阅为荷此致
工务处
福利处
会计处
储管科
土木科
统计科
附记录稿一份
阅 [illegible]
办公厅启

中华民国三十年十一月拾四日发出

第十工厂第十一次厂务会议记录

第十工廠第十一次廠務會議紀錄

日期：三十年十月七日上午七時

地點：職員大飯廳

出席人：

沈克俊 [illegible]

18

人事仲明俊　[illegible]

廖[illegible]　陈[illegible]

王[illegible]　黃[illegible]駿

戚執[illegible]　余[illegible]

王[illegible]剛

龍[illegible]　吴增誉

姚楷之

主席　莊廠長　紀錄　吴鍾驤

宣讀上届會議紀錄

主席諮詢事項

一、板車已否着手製造？

朱科長 藍圖底樣，業已寄到，現正照印樣晒，俟印就，即行仿製。

二、第二村水道疏通辦理至如何程度？

朱科長 已招商承包，下星期三開標後，即可定期施工。

三、職員宿舍整理情形如何？

趙處長 現正在辦理中。

主席指示 單身職員公餘時間，大半消磨於宿舍，上次所述數點，務求辦到，俾同人業餘精神上獲得

90

安慰。請趙處長對此事多加督促。

四、警衛士兵近日伙食情形如何？

龍隊長：比以前已見改善。所領油鹽，尚須吃菜蔬數量，與向農場撥地自種，以之可够吃。各種食料，十天一發，月底結算。

主席指示：各項食料，務須嚴格管理，毋使浪費。剩餘之物品，應作價繳回合作社。

五、工務課近來對工人之處理情形如何？

李課長：自與各部份密取聯繫後，工務課執行手續已能得到各方諒解，人工漸上軌道。

81

各部份對於工人處理有何困難？

朱科長　朱科工人全係自行設法輾轉介紹，其中係從來來，來而又去者甚多。現有人數日漸減少，補充不易。上次談話會結果由廠方電知李子範天赴大竹招募工人二百名，迄今尚無信息，此事遙遙無期，擬請工務課就近招募補充，以免建築工程停頓。

李課長　工務處新進工人亦由在廠工人介紹入廠，向來登報或貼招招募。且各部份工人介紹入廠者，多不願轉入其他部份。目前尤以勞力工人為最難招致，因外界需要較多，而工資收入亦較大故也。

22

榮處長　關於報載所招方法招工，殊屬困難。因本廠待遇較低，無人應徵，及到趙廠西康方面之人居奇之党，此種招募辦法，無益有害，最好派適當人到外埠招募。

主席　指示　㈠招工事宜，宜由工務課楊閔兩主管部份辦理，雙方並進，較有效果。㈡檢驗課以後全用女工，將現在男檢驗工施以技術訓練後，調至各廠房充當技工。

六、租賃民房問題有無結果？

趙處長　大石壩瓦廠嘴、化龍橋、各地覓租多時皆無結果。

七、辦公用品改由事務課採購後，與購置科交接辦理情形如何？

沈課長：十月份以前由購置科經購之物品仍由購置科繼續採購，十一月份起始由事務課採購，以清權限。本課接收後，曾有某部份請印表格若干，除已送請合作社代印外，又購買打字紙、打字帶等物，零星物品數種。

~~科長：事務課接收以後，繼續清查權責明。~~

八、勞力工人管理辦法已否擬定？

八、李課長：業已擬就，並請有關部份會核。

主席指示：目前人力補充困難已極，請有關部份切勿忽視此事，只有大家合作，方可解除一切困難。[redacted]經驗，在戰時中尤宜注意統一指揮管理方法和要點。

九、合作社房租及營業開支理應由理事會（資本、股本、經營情形、帳務、有無盈利）研討。

郭專員：[redacted]經理會議決定於每月第四週之星期一舉行，下月份會期擬來開會。

主席指示：下星期二必須開會，本人出席。

十、最近本廠兩次失火，雖未成災，而失慎原因不可不查究，應防後患。聯社取締方報告。

張代主任：滬沖廠之火，似係工人不慎遺留火種，由局部燃燒而出。擦槍所之火，似係炉灶毛病。

榮廠長：滬沖廠之火，係由外面燒入，由內部燃燒而出，[illegible]從斷明。（惟如有奸人由外縱火，因本廠[illegible]起火[illegible]週圍[illegible]房可能，應請注意。）

陳課長：擦槍所當日下班前曾予[illegible]檢查，並未遺留火種，且起火時間在放工以後八小時，即有火種，（亦不致隔如許時間方始燃燒也。）

主席指示：本人對此兩次失慎，因未成實據，對有關部份未予處分，但對此予以重視，切[illegible]檢查。本室及其他各部份並同研究有無[illegible]因所依[illegible]，資防杜後患。同時希各部份對所屬工人，亦應加以

導戒。

36

報告事項

主席報告（一）近來本廠職員更動頻繁，去職者爲一部份之職員，（不稱職者爲多）而所補充者爲一部份之職員，（其他各部份存有冗員）人不[illegible]勝職，究竟各單位每次簽請添用人員是否確有事實之需要？以後此類簽呈中，如將擬用之人所擬任之職務詳爲敘明，以便本人易於核批。又各部份對所屬職員請予升級，請給津貼，或請調職，或請獎勵，此類之呈報，本人（業已）飭聞。而對於工作不力者，殊少舉報，此後請各部份注意隨時舉報，庶對同仁優劣，均得聞知，並示賞罰嚴明之意。（二）以後本廠對指定住宅發給煤觔,概依人口多少爲準。(向供應分配股登記後,並由稽查室發查,約二十人一組,由分配股(按擬分配辦法)廉價(每百市斤作價若干元)發給塊煤或嵐炭(或土)一律,合作社[illegible]應多做煤球(利煤屑),以資撙節,出售亦可。)

討論事項

一、第十所提議:所有本廠各種建築物內一切裝修設備,應責成主管部份或居住人員負責保管,遇有交接遷移,並應開單交接手續,分責執行,以杜[illegible]風而重公物案。

決議 ㈠ 嗣後辦公及廠庫房屋[illegible]

內裝修設備由各（使用）部份負責保管，其住宅窗（乃物設備、財物部份除外）
舍、防空洞及各公共場所（要塞市場、山洞除外）由福利處負責保管。
㈢遇有交接或遷移時，應繕具交接清單
以完手續而明責任。㈣由廠長辦公廳通知各部
份切實辦理。
二、（辦公廳會計課）福利提議：員工兵伕（遇有）死亡，其喪葬請卹各
事請規定辦法，以免推諉而資妥善案。
決議：㈠所有本廠員工兵伕之喪葬，由新村
務所主辦，原由福利處辦理部份協同辦理。㈡公墓管理
統撥歸福利處經管辦理，墓地由福利處撥請核是用。

28-1

關於員工兵伕之喪葬似規定由新村事務所辦理，不必另由主管部份幫同辦理。例如工務處工人喪葬，了原由宿舍管理員暨會同宿舍以之辦理，現此部份員工已劃歸新村事務所工務處，可不必於聞。並且目下新村事務所所轄之小工為數亦不少，又宿舍管理建築土木運輸均設有管理員可了理此事專責問題也。

十十

軍政部兵工署第十工廠便箋

㈡及預先多挖墓穴，以免臨時倉促，㈢請郵由……

三、秘書室提議 凡職員（主管部份不在此限）年來未請事病假者，擬請發給獎假或獎金，以鼓勵其服務出勤案。

決議 原則可予通過，惟請假太多之職員，宜予以懲戒，以均賞罰。由秘書室擬具辦法呈核，求切合環境，簡單易行。

四、統計科提議 重新設計訂製卅一年度本廠識章符號及警衛隊士兵符號，自卅一年度起由統計科製發，以資劃一案。

決議 均照辦。（工人識章只有一種，惟工級以年……）

30

号数：旗色数字表示工务处（红色）、土木科（黄色）、其他（白色）。

五、统计科（秘书室）提议：关于节省人力增加行政效率，拟具原则数项请付讨论案。

决议：将原件抄送各厂处科共同研究。

六、张主任（代）提议：为各包商借用土木科证章出入厂境，又包商所雇工人任意闯入厂房区域，请予制止，以严门禁案。

决议：㈠由土木科转知各包商注意，务遵本厂法令，向借佩证章。㈡由统计科计……

31

其他

固記第一處四科兩條③包商所屬工人等擅入廠區，

衛兵得予拘禁。

趙處長請示：加給十月份餘剩麪粉一百袋。照上　黃聖鈞

次令議決比例分配。上月份分食堂應該

上月四十袋被合作社所擬，此次應將此四十袋

本所擬還食堂而將予借之人之麪粉移至下

月內發。

主席指示：以前之事不予追究，本月份例照決

定辦法比例分配，即付宅六十袋，餘公共食堂

四十袋。

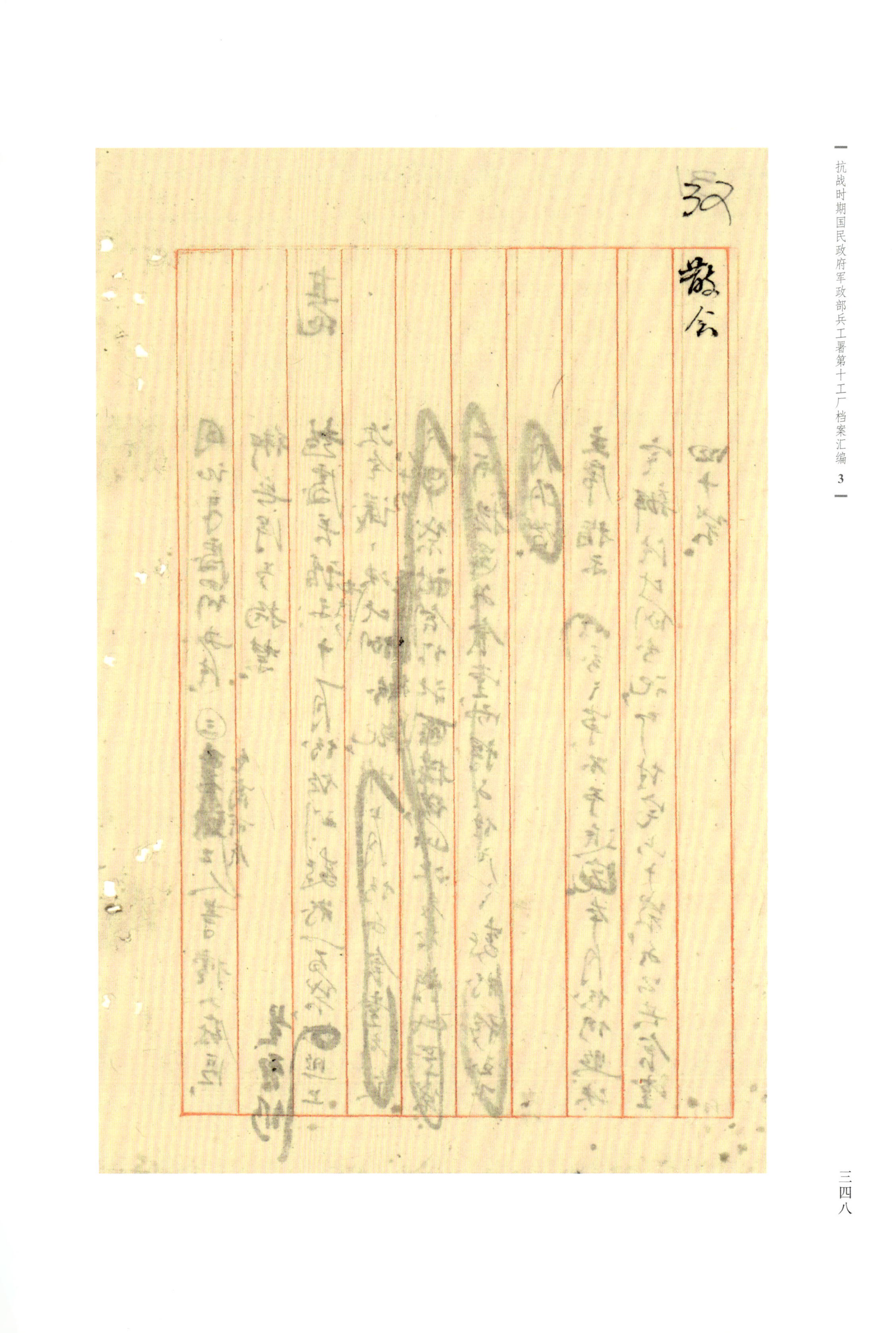

30

敬公

[illegible]

兵工署第十工厂第十二次厂务会议记录（一九四一年十二月二十六日）

33

如擬檢置

呈閱

第十工廠簽條

查第十二次廠務會議紀錄業經整理就緒，特送請
會簽後依序遞轉最後退還本廠以便呈　閱為荷。此致
工務處
福利處
会計處
土木科
購買科
統計科

附紀錄稿一份

第十工廠

中華民國卅一年壹月拾四日

第十工廠第十二次廠務會議紀錄

三四九

34

第十工厂第十二次厂務會議紀録

地點：職員大飯廳

時間：三十年十二月二十六日上午七時

出席人：

[illegible]
[illegible]
[illegible]
[illegible]
[illegible] 龍[illegible]
李維恒 沈克俊
[illegible] 吳[illegible]

陳志裕　蔡其忠

王汝衡　朱朝卿

趙英堂　盧守鈞

林鴻　曹光招

王曾培　黃鵬

陳秋生

姚椿元　吳鍾驥代

主席　莊廠長　　紀錄　吳鍾驥

宣讀上屆會議紀錄

主席諮詢事項

36

一、統計科換發證章、符號，辦理已至如何階段，何時可以發完？

吴科長：除職員、工人、眷屬證章因趕製不及，須延至明年一月底發後方可換發外，其餘之工人一般人等證章、身份證、通行證、符號均自廿五日起開始換發，歸應趕辦，限期年內當可換完。

二、租賃民房有無結果？

[redacted]

曾主任秘書：此事與各房主接洽原則無問題，但執行尚多困難。

37

報告事項

一、廠座報告：本屆廠務会議，延至今日始克舉行。因年度終了，對於各部份一年來工作情形，須作一總檢討，以為來年改進之依據，而此種報告材料，各部份延未送齊。今已屆最後一星期，不能再待。特將本人感想略述如下：年來工務、福利兩處及辦公廳所屬單位如營繕、衛隊、稽查室等，均有相當進步。未竟之工作確已做到。此後希望更進一步，努力推動業務。工務處於規定出品數量努力趕造外，對於材料使用尤盼節省，予以登記。工資紀錄需將隨有詳確紀錄，材料望和領多疏忽，來年須亦須積極以為實

38

行初步成本会計之核算。此項數字雖不求其精確，工料登記尤須

而轉廠之紀載實不可少。關於半成品、成品以及材料之紀錄，不僅為成本会計所必需，即對工務本身之

至關重要。請各部處切實注意實行。表格式樣，可供会計處統計科会商修訂。其次統計科之任務，在

部份多不重視。蓋無工廠統計業務之資料，以本廠為首創，故多視為試辦性質。須知整個機構，須充分發揮其效能，即人力、物力、時間三者，能否適當、經濟使用，以統計業務為辨別以為斷。会計方面重在經濟之審核，統計方面重在人物時之審核，任務繁

張：

殊、重要例一。煤礦部份自身之統計，必須與統計科之統計切實聯繫，彼此互勘，以求數字之精確而切合於實用。福利處對員工住房，須加擇定，能向外租到民房最好。盼加強福利處共同推動此事。又精神訓練對員工工作情緒，至感重要。訓育課今年既漸充實，此項工作務盼切實推動。廠長會議對各廠工資調整問題，原則已經決定，本廠正由工務處開會商討詳細辦法呈核，俟明年即付實行。薪水問題，署方已擬有調整辦法，正呈部核示中。總結，除蔣主席指示原則決定遵加與俾辦法，

40

一經發下即可實行，盼大家齊心工作。

二、張處長報告：本處因人手不齊，環境牽掣，不能按步就班做去，蓋會計業務有連續性，人手更動頻繁，殊不相宜。又本年前手財物帳之整理，需要各部份協助之處甚多，手續若不予以充分便利，工作亦難推進。以此種種原因，本席坦白承認，一年來本處成績實少表現。今將收支情形大略報告如下：接本廠經費分建設製造兩部份。關於建設費部份，本年預算二百四十萬，支出房屋建築一百餘萬（內住宅宿舍佔八十萬），防空洞約二十五萬。另置工程數十萬。截至十二月十五日止，結存六萬餘元。收支平衡。關於製造費部份，今年署撥二公分砲彈及擦槍器製造費共五百九十餘萬。隨來周轉金一百四十萬。此外尚有舊廢物品(其他)變賣收入數十萬。總共收入六百餘萬。支出方面計材料費約一百八十萬。工資一百萬。薪金（正薪）三十餘萬。又墊付款三四百萬。辦公用品二十餘萬。總共八百萬。截至十二月十五日止，結存四千餘萬。收支尚可平衡。至出品盈絀（情形）用費尚未計算。惟有附帶報告，即本年經常支出以員工福利方面佔最大部份。計隨來墊付一百八十萬。合作社隨貸墊付八十餘萬。支出八十餘萬，米貼每月十九萬（一千七百餘人）

42

每人佔一百餘元。暨薪貴十三萬元。財物登記，現正辦分類記載。外人手完實再辦分户記載。（由各部指定專人）本屆廠長會議之決，各廠建設製造經費之預算，應嚴格執行，不得任意支用超出範圍。希望各部份注意此節，項目不妨流用，但總數不得超過。關於重要材料物料，可事先準備整批購買。（各部份各自負責總計並及所需要之材料早為預算準備）

主席指示：歷年廠方對於經濟，有自由支配之權。明年須依政府緊縮政策之旨，依按工作進度而為分配。蓋整個國家預算業已減至四成，凡屬不急之務，及非抗戰時期無法迅速完成之工程，應即停止。一面養成節約之風。同時亦可集中財力專办一部份切實急需要之事。本人一向對於支用公款，凡屬需要，總予批准動支。深知本處最易流於浪費之人，甚感不安。節約之風明年須加嚴矯正。本方對於建設、購置及零星設備，本人必須詳慎審核，不願如以往之隨意批准。除了務外用於比較必備需實外，其他各部份不知節約之處甚多。如办公繕寫所用蠟紙及複寫紙，來源日見困難，極宜節省。又如揩紙簍、垃圾桶，皆屬可省之物。土木方面建築之各防空洞，明年如不能完工，應即停止。職員防空洞（第六號）之續停止進行。其餘各洞紙

44

可照舊開工，但不必限期完成。據本人觀察，此次世界大戰，雖非短期所能結束，但亦不致延三四年，前此想仍係美國結束。此次戰爭，本廠應以冒險製造出品爲先務，此次抗戰之間，不能依靠山洞之完成。

討論事項

一、廠座提議：工具所製造能力不能與本所需要相適應。此爲多年不能解決之問題。工具所中雖有手藝優良之技工，然無直接製造任務甚多，每日似可調至工具所工作若干小時，以盡其長。三小時作一工計。

廖工程師：此事困難甚多，因本所大多爲專工，鉗工則多集中於工具所。至所中所需多數零星之事工本身亦須時刻顧車床刀，不能分身。

王揚工程師：此事即使能行，而待遇既有軒輊，恐牽動工具所本身之工人。

主席指示：此於政技工程處関係之深，擬請工務處對本廠原有人力研究利用方法。

二、國曆新年，又值成廠一周紀念，擬放假兩天，並查照上年成例，犒勞職員，舉行聚餐，並及同樂會，以示慶祝案。

議決：通過。由辦公廳、福利處、慶祝大會擬辦呈核，並有通告。

三、值日官許榮成提議：請制定辦理文書延擱懲罰辦法案。

廠座指示：此事請大家以後切實注意。本人對文書方面並有補充意見。上級機關往往有許多例行公文轉下，而內容與本廠並無關係，對此類公文不必油印轉知，一閱即可歸檔。還有不要的，亦應各部份自行斟酌存備查，毋須油印通知，徒耗物力。

四、主任秘書提議：奉 代廠長對於重要庫房及工作場所應指派專人負責看管，並將負責人姓名詳

行

部查核，應如何辦理，請示遵案。

廠座指示：本廠各廠庫應場內管倉人員負責保管，不必常川駐內。惟由稽查室派員考核其勤惰。即以此意呈報。

敬會

兵工署第十工厂第一次工务会议记录（一九四一年一月十四日）

兵工署第十工廠第一次工務會議記錄

四印二十份送工務處

2

兵工署第十廠第一次工務會議記錄

日期　一月十四日上午八時

地點　會議室

出席者　莊權　黃康齡　林[illegible]　[illegible]　陳[illegible]　陳[illegible]　[illegible]　[illegible]　陳[illegible]　李維[illegible]　吳[illegible]

主席　莊處（廠）長　　記錄　吳新周

行禮如儀

甲、報告事項

1

3

主席報告：（一）查廠務會議之時，除本席提出各項問題報告或討論外，各位提出報告者甚少，此後本會擬更改方式，完全採用報告辦法，由各出席人員將各該部每月出品情形、工作準備、工人分配情形、有無其他缺陷及今後之計劃，逐一報告。再出席人員除各所々長外，其他各部主管員及工程師均可出席。（二）奉署令，三七破甲彈須由本廠供給一千發，可即函詢五十工廠，究於何時可以完成及其鋼壳砲彈之性能~~工作進~~如何？（三）各部應擬定獎工辦法，於下屆會議時提出討論。（四）五具一般消耗（各所每月之工具及消耗）須列表呈閱，砲彈工作亦應列表統計呈閱。（五）此後凡關工人之各種規章之告佈，須

2

4

逕呈本席鈞批、

蔡所長報告　茲將本所製造情形、分彈頭銅殼及引信三方面報告如次、(1)彈頭、該部磨床生産能力較之訂購時相差達二分之一、現製造二公分砲彈之磨床共有二部、一部供磨破甲彈之用、一部供磨榴彈之用、現擬將十床加添料架、以便相互為用、（或者破甲彈之一部改裝）增加産量、另有供三七榴彈用之磨床一部、迄今尚未運到（以未有可利用）車床方面、每日可車彈頭二千、彈頭尺寸方面因自廠訂購之補充工具、尺寸較差、致稍有出入、將來自製工具、當予校正

主席指示　在補充工具未用完以前、仍照現在方式做去

(2)銅殼　該部工作、尚能納入正軌、則出品可以趕齊、祗以上

3

次發現不合規格者甚多，故曾一度停止製造，經較正機器後，不及格者可不及十分之一，每日前合格成品已有九千餘，每日約可出一千五百，故欲於月底出足二萬，當無多大問題，惟最感困難者為拋光及烘洗二項，烘洗原分日夜二班，若欲趕足以前停止製造時之數量，一時仍恐不及。至煤炉一項，現正建築中，惟缺乏之白石，現尚在請領中。

榮廠長：所缺白石，可向第四所領用，建築時並請遴技術員持志負責監督。

主席指示：所有煤爐烟囪，應建築於廠房背向，並應傾斜於山坡，以資掩護。

小）引信　引信各另件中，木錐及駐螺數量不足，但材料或工具到時即可趕造，最感困難者，係帶簧之材料問題，因根據試砲結果，常發現早炸情形，當係彈帶簧材料不合，不識應用何種材料，爲宜？其次底螺之鋼料甚硬，刀具時有損耗，故將車頭改慢，計每八十秒鐘可造一隻，目下尚待改良，至補充工具，已分別請購置料採購及工具所趕造矣。

榮廠長　帶簧材料可用紫夾鋼皮，其尺寸大小長短宜一律。

主席指示　底螺材料太硬，可更換其性質較軟之材料。

原有硬性材料可送工具所回火。

陳所長報告：(1)本所工人已較前增多，惟多係普通工人，其手藝精良者殊不多，觀於工具一部之工人，其手藝合吾人之希望者，五十餘人中，不過數人，故支配工作時，不免有忙閑不均之象。(2)工作方面已較前有把握，積壓工作目前亦不甚多，製造二公分砲彈用應添各種設備，亦已陸續趕齊。其唯一影响於出品數量之原因，在工具磨床不夠。(3)樣板方面，現僅有造樣板之工人二人，如將來需用樣板數量增加，則工人勢須增添。(4)最近由沅陵招來工人，本所共派得十五人，計車工四人，有一二人惡習甚深，將來能否糾正殊無把握。鉗工七人目前尚守規矩，惟手藝平庸，原來報名做磨工者均無經驗，願改做鉗工(5)。木工方面，如以本廠月出砲彈二萬為準，則月需木箱五百隻，此所數本所尚能趕造，但其他工作須一律停止，設將來砲彈數量增加，則本所以限於工作地點及木工人數之不敷，不易趕造。昨日已請示業處長，擬就木工部旁架搭蓬屋，擴充工場，俾可添募工人，如屬可行，希望即日動工。又如他方面能設法擴充訂購木箱，擬請於工人未補充前，先行訂購，以資救濟。

主席指示　又電告金樾聲本批工人手藝平庸，其家屬

9

暫緩送渝，並囑手藝平庸者不必招雇，一面再施以感化，以存有要習工人為
以蓬屋即可搭蓋，並可分向二十三廠借木刨床。
王所長報告⑴本所工作方面：二公分砲彈之銅殼大帽已有五萬個，發射藥袋有六萬個，銅殼部份裝配可無問題。⑵彈頭部份，曳光管發紅色者，購買材料不多，計現有存量可造十萬發，白色者其材料數量較多，可無若何問題，倘有暇即可試驗白光，壓製方面現有機器五部，每日可壓一千，再加由外國所購之十萬發，故今年全年出品亦有三分之二無問題。⑶引信裝配方面，現有工人三十人，每日可裝一千，所有工人已經二月之訓

8

練手藝亦已熟悉，惟目前若欲裝二千，事實上尚有困難，其中最困難者為帶簧，因其材料種類太多，甚難均匀，又引信於去年曾一度裝配，因有早炸之弊，且缺乏樣板，故暫行停止，現樣板已全，早炸問題解決後，裝配即無問題。(4)工人方面最近即可再陸續增加，以適需增添，經驗似可不成問題。(5)藥包方面因無材料已停工。(6)電管方面以電管殼之預備為轉移，有殼即可隨時裝壓。

林課長報告：本課自成立以後，因無專人主持，故未入正軌，自蘇工程師訓練一批優良工人以後，即稍入軌道，本人前因奉

11

派昆明協助辦理機料運輸，至十二月六日方逼回廠，正式在

課工作。現檢驗工作與分組，（尚有廠用已製引信帽因缺樣板不夠用，尚有一班借用樣板）計檢驗銅殼、彈頭

者四人，引信（十七人）及大工裝配者四人，（現有）將來並擬分班檢驗，能力（仍須添人充實）

使充分利用時間。又檢驗地點並擬移設

主席指示：該課對大工另件及射擊檢驗，尚未着手，應從

事準備。又檢驗規格，應亟宜從速擬定，於下次會

議時提出報告。

乙、主席交辦事項

一、機器裝設，應因標顯著，應由營協疏散或掩護，請

業務長與購置科、材料科長商洽。

10

12

散會

主席

記錄吳新周

11

兵工署第十工厂第九十二次工务会议记录（一九四五年二月二十日）

10 1

密件（請於卅四年四月廿日以前交還工務處）

第四號

兵工署第十工廠第九十二次工務會議紀錄

01-1

時　間　卅四年二月廿日上午八時
地　點　本廠會議室
出席者　莊　權　蔡其恕　陳心元　陳喜棠　林清許　何戊德
孟繼炎　金樾聲　姚錦松　金子澄　錢敬時　朱寶鈺
張庭桂　呂則仁　陳志靜　葉昭浩　張世權　李繼遜
鄒　昱　沈培孫　陳志瞳　潘　鴻　王秩信
主席莊　權　紀錄金之傑
宣讀第九十一次會議紀錄
討論事項
(1) 關於各所工作情形者。
主席：本年度各項出品之成績如何？
蔡工程師其恕：迫彈已裝好五萬；迫砲二百門已裝箱，至本月底止如試射不躭擱，可全數繳足六百五十門，擦槍器皮袋已來五千，可先交五千；三七至本月底止可造足一萬，擬先交五千。
主席：應儘先趕造三七彈二萬，並於三月底前完工，以便再趕造六公分迫彈；二所於三月份中，應趕出六公分引信體四萬。再檢驗規格事，已解決否？
陳總工程師心元：各方意見已陸續收到，在整理中。
主席：三所至目前為止，存料情形如何？
陳所長喜棠：約存焦炭二百五十噸，生鐵五百七十噸。

一

主席：工人獎工辦法、本年度修訂之標準、如何規定？

孟工程師繼炎：以每滿一百四十萬分為發一個月獎金之標準、即以二百四十萬分之10%二十四萬分為給獎總分、金額則以每分二元五角計算、每月約需六十萬元、仍依照前例將分数按照工人人數、比例分攤各所。

主席：原則甚合、可以照辦。最近工人之進退情形如何？

潘課長鴻：自一月一日起至本日止五十天中、工人約補進一百餘人、仍以儘先補充迫砲所及第八所為原則。現共有工人約一千六百餘人。

主席：最近購置情形如何？

金科長樾聲：木料已購一千一百丈、已用去二千四百餘萬、尚餘一千四百萬左右。小火輪仍在洽購中。遷建會及資渝廠之生鐵各百噸、均在陸續領用中。三才生焦炭去年度者、尚差四十餘噸、焦炭二百噸已託杜處長購就、惟以生產局尚未發給購運証、故不能起運、須俟杜處長日內來渝接洽後、始可定局。

主席：所有卡車、如經拆修後、約有幾輛可用？

金科長樾聲：約可配四五輛出來。

主席：估計攤費事、已與會計處談過否？

蔡工程師其恕：已談過、即由會計處造。

主席：停電、停料、缺工等情形、應視其事實如何、分別將工時数提高、不能列入攤費、此層應注意及之。再迫砲零件轉手数事如何？

孟工程師繼炎：已與迫砲所洽過、以三個月為一期、除第一期須延至四月底始能完成外、至六月底時、可望解決。

主席：布朗特彈之精度如何？

鄭所長呈：已試過一次、未見特別精確、擬再試。

(2) 關於廠長訓示者。

主席：茲有數事、指示如後：

(一) 本廠新編制、應由辦公廳向署接洽一次。

(二) 五十三廠周廠長告本人、國軍在畹町俘獲之材料、係由周廠長支配者；本廠需要之料、可列一清單、試與洽領。

(三) 昆五分銅料、即與川滇東路局蘇局長接洽分批帶運。

(四) 各所廢鋒鋼、應磅重量、一律繳庫、以便設法利用。

(五) 前交各所填送之工人調查表、尚有少數未辦、應即填送。

(六) 工人下班時、叫嚣雜亂、紀律不佳、應由各所長負責開導、注意秩序。

(七) 向署請領純鎳二噸。

(八) 增產計劃中所增之樣板工具等、由工務處統籌決定後、即交八所趕做。

(九) 三月九日、在五十廠作新兵器試驗、本廠之超迫彈亦參加試驗射程、以600公尺為準、新的尾管、亦即以射程六百米為製造標準、不用焊製。

散會

兵工署第十工厂第九十三次工务会议记录（一九四五年二月二十七日）

急件（請於卅四年四月廿七日以前交還工務處）

第四號

兵工署第十工廠第九十三次工務會議紀錄

0004

時　間　卅四年二月廿七日上午八時

地　點　本廠會議室

出席者　莊　權　蔡其恕　陳心元　陳志靜　陳喜棠　林清許
孟繼炎　王秩信　金子燈　金機聲　錢啟時　張庭桂
呂則仁　葉貽浩　張世權　李繼遜　鄭　昱　陳志暄
潘　鴻　朱寶鈺　沈培孫

主席　莊　權　　紀錄　金之傑

宣讀第九十二次會議紀錄

討論事項

(1)關於各所工作情形者。

主席：至本月底止，各項出品可照上次會議時所談者辦理否？

蔡工程師其恕：彈頭淬火只要不再停電，可趕出迫砲六百五十門，均已試打完畢，本日可繳庫。

主席：煤焦生鐵之購運情形如何？

金科長機聲：二百噸洗焦之購運証，已由生產局發出，其中之五十噸且已送到；以後煤焦仍由北碚辦事處統籌。三才生（所欠煤觔，曾與陳前科長會同催過一次，惟尚未送來。遷建會所送生鐵（最近）均為塗有紅色之頭號生鐵（即据稱含釸在3%者）已由三所領用。

陳所長喜棠：已將此項生鐵送化驗室化驗，日內即有結果。惟本所翻砂工

06

人最近以受工資市價影響、（外邊）能翻砲彈者、每月即可得（萬餘元）。頗有走動。照目前情形估計、尚可應付額造數量、如須增產即感不敷。

主席：可招小工加以訓練；並分別試用論件給資制。再超迫彈試精度事如何？

呂所長則仁：本日下午可試精度。

（2）關於廠長訓示者。

主席：八所趕做增產計劃中應增之樣板工具等，應仍進行；本日上午有外賓參觀、適值斷電、各所用電、係輪流供給者、各所長應將此項情形、向其說明。

散會

076

密件

第四號

（請於卅四年五月六日以前交還工務處）

兵工署第十工廠第九十四次工務會議紀錄

08

一

時間　卅四年三月六日上午八時

地點　本廠會議室

出席者　莊權　蔡其恕　陳心元　陳喜棠　林清許　王秩信
孟繼炎　何戊德　金樾聲　姚錦松　金子澄　錢啟時
朱寶鈺　張庭桂　呂則仁　陳志靜　葉昭浩　張世權
鄒昱　李繼遜　沈培蓀　陳志瑄　潘鴻

紀錄　金之傑

主席　莊權

宣讀第九十三次會議紀錄

討論事項

（1）關於各股工作情形者。

主席：杜處長來渝後焦煤購運事已否接洽？

金科長樾聲：已與杜處長洽過，本廠焦煤仍在北碚辦事處數量中撥，洗焦已運到五十噸。

主席：遷建會之生鐵化驗結果如何？

陳股長喜棠：尚未化驗完畢。

陳庫長志瑄：北碚來煤、水份太多，船戶問題牽涉頗大，攙水之煤，每挑約須扣水八觔，以致接收煤觔與船戶時有爭執，應請與北碚辦事處切實接洽一次。

主席：關於單價問題關係甚鉅，惟各廠之估計標準、參差不一，以致未能十分合理。本人認為應注意下列各點：

一、估計單價應以能再生產為原則；

二、單價應以三個月為一期；

三、由各廠開詳細基本工料單，包括直接間接工料，以實物數量與工時為單位，使與價格變動無關；至各廠攤費之計算方式，應有一統一辦法，俾核計單價時，有合理固定之方式；

四、飭造時即以基本工料單及攤費方法，預測將三個月之工料平均價格，以計算預估單價，並即以此價撥款；

五、嗣後逐月核計實際單價，與預估單價有差額時，應多退少補；

六、上列各端，應由製造司會同各廠組織評價委員會，專司核價，及研究各廠工作方法是否經濟等事。

各位如有意見，亦可提出，統交蔡工程師整理後呈署。再各廠估計單價情形，請葉課長報告。

葉課長報告：各種製品單價估計，各廠不一；如六八公分迫砲彈，本廠每枚須二千五百六十元，而五十廠所估者，僅一千九百餘元；六公分迫擊砲每門，本廠單價為二十一萬元，而五十廠僅十二萬元；經詳加對照，直接工料方面雖五十廠者較多，然所差尚微，而間接工資，則五十廠僅以製造單位之間接工攤算，本廠則以全廠之間接工攤計；間接料之算法，五十廠係以去年十二月之價格為計算標準，本廠係以本年一月之價格為準，故相差甚多。至廿一廠，則以存料甚多，八二迫砲彈每發僅估二千四百元，八二迫擊砲每門僅十四萬元。因此，製造司方面，擬召集

10

三廠有關人員、詳加檢討、另行核議。而本廠所提價格、雖較他廠為高、署方仍認為有參攷價值、頗加重視。

主席：本年度工作情形、應竭力從經濟節省方面着手。工時尤應注意、如各所工作鬆弛、不能於每日十小時内完成十小時之工作者、仍須恢復每日十小時之工作時間。材料使用、尚為合理、惟仍應節用。迫砲、如轉手工具、方法各端可加改良、單價可望減低。此次本廠單價雖較高、而署方仍能顧及實以過去歷史關係、我人切實辦事之精神為各方所深信也。目今變動太劇、即三個月、亦有捉摸不住之感、應向經濟方面不斷研究、工務處比較的最為重要、尤應努力以赴。

潘課長鴻：工資現又奉令增加。（即將原令呈閱）

蔡工程師其恕：此次工資不加、所加者係生活費。

主席：工資增加、成本又變、作業課即與會計處洽、以本星期五、署方即須開會、各所上軌道部份、與牽制性者、可試行件工制、獎工應另擬配合辦法呈核。再料價應由購置科與作業課核對一次。再趋迫彈最近之試驗情形如何？

呂所長則仁：最近試驗結果如次：(1)氣孔小到1.5%者、即不能用；(2)精度已相當集中。

主席：茲有數事、指示如次、

(2)關於廠長訓示者。

一、三月八日在五十廠演習新兵器、本廠派孟工程師繼炎、呂所長則仁、鄒所長旻、何所長戊德、張所長世權前往、並指定孟工程師為領隊。一切需要準備各件、均應事先準備齊全。

二、土木科領料事、由本人授權蔡工程師其恕代核、各項修理工程、亦應派員驗收。

散會

密件（請於卅四年五月十三日以前交還工務處）

第四號

兵工署第十工廠第九十五次工務會議紀錄

1181

1211

時　間　卅四年三月十三日上午八時

地　點　本廠會議室

出席者　莊　權　蔡其恕　陳心元　陳熹棠　林清許　王秩信

孟繼炎　何戊德　姚錦松　金子澄　錢啟時　朱寶鈺

金樾聲　張庭桂　呂則仁　陳志静　葉聉浩　張世權

鄒　昱　李繼遜　沈培孫　陳志瑄　潘　鴻

主席　莊　權　紀錄　金之傑

宣讀第九十四次會議紀錄

討論事項

(1)關於各所工作情形者。

主席：最近購置料方面購運情形如何？

金科長樾聲：三月份經費中已支配四千萬元為購料之用，其中一千三百萬係訂購木料一百丈，二千萬元購油，菜油係分向合川萬縣方面採購者，合計為八百萬，又訂購機用菜油二萬觔，每觔三百七十元，計七百四十萬元，係現款現貨，其餘七百萬元係零星購置之用。

主席：嗣後福利處所用菜油，應由工務處一併統籌請購。

葉課長聉浩：一寸一鋼料外國貨已斷料，本國料如能應用，亦只夠一二月之用，馬口鉄皮亦缺。

呂所長則仁：本國貨一寸一鋼料，不能上自働車。

13

蔡工程師其恕：馬口鐵皮、中國製造廠可以交換，惟不知此項交換，署方有問題否？

主席：可電五十三廠周廠長，詢係獲材料中，有一寸一鋼料及馬口鐵皮否？

金科長樾聲：據說昆明有此項材料，惟運輸不便耳。

呂所長則仁：五分銅料，不久即斷，該料現以3分料做，亦應設法補充。

王所長秩信：3分銅料，亦將斷料。

金科長樾聲：昆渝間運輸方面，以雲南經濟委員會實力最厚，前託兵工署昆明辦事處友人向其接洽，稱每噸運費為廿三萬元，此外如永利公司，亦仍可接洽代運。廿一廠方面，已有一部份停工待料矣。

主席：可試洽本廠料，仍以自行設法運渝為是，如接洽妥當後，可函知四十一廠劉廠長，以彼曾託本人打聽設法也。又其他副料方面，亦有短少否？

葉課長驺浩：副料方面，以柴油、菜油為最急需。

金科長樾聲：柴油新價已調整為四十萬零八千一噸，較菜油為廉，故難購。上次所訂合同，係捐客所訂，雖有五噸之數，惟尚未交貨，亦未付款，現又簽訂一三噸之合同，言明日內即可交貨者，亦係現款現貨性質。

主席：本廠月耗木料，約須若干？

姚所長錦松：如外箱包出後，每月約需三百丈。

主席：瀘州汽輪事如何？

金科長樾聲：已去信，惟尚未接復信。本廠運輸船隻，雖已訂購二艘，而舊有船隻，均需大修，大約經常須有二艘修理，而本廠可領之料甚多，故仍不敷調用。現本

二

科有四人領料、仍感繁忙。

主席：三七彈製交情形如何？

蔡工程師其恕：至本月底彈頭約可淬好一萬七千發、可望交出一萬五千發。

何所長戊德：硝酸昨天已到。

王所長秩信：引信體至月底可交足四萬。

呂所長則仁：保險簧條暫以六分料做者、五分料不夠、應儘速催運。

葉課長貽浩：六寸八寸之砂輪已到。

主席：各方應注意聯繫使產量不致短少、萬不能有停工待料之情形發生；購置科之責任甚重、金科長應時時注意勿失時機。又獎工金額如何？

孟工程師繼炎：獎工金額約為總工資之31%、每分約合十三元。

主席：獎工辦法應與工資調整辦法同時公佈。又署方三月份飭造令已發出否？

葉課長貽浩：署方以須厲行三個月清結一次之辦法、故三月份飭造令尚未發出、本廠迫砲製交上似有問題、恐不能如期繳出也。

主席：迫砲可暫不請、迫彈則應照繳照請。又檢驗條例已整理好否？

陳總工程師心元：檢驗條例已整理好有樣板數十種、尚未齊全、正在設計中、故尚未公佈。

主席：已有樣板者、即應公佈；不有樣板者、應一面製造樣板、一面公佈試行。又七所製造鉄皮匣子之工具已否製就？

陳總工程師心元：該項工具係去年十二月設計、一月份開始畫圖樣者。

朱所長寶鈺：翻砂件昨日已送到。

主席：該項工具限本月廿三日前完工，七所應在四月一日上有用該項工具製成之製品。

蔡工程師其恕：統計各所小工之增加率頗速，既以增産計劃一時不能實行，故小工即應停止添用，惟技工則不受此限制，仍可視事實需要酌量添用。

主席：各所小工暫以保持現有人數為是，嗣後應以工作能力為準，逐漸淘汰。

(2)關於廠長訓示者。

主席：茲有數事，指示如次：

一、工資發放日期，應即根据事實，擬定辦法，總以各有關單位不致互相推諉為歸，擬定呈閱後，即公佈實行；

二、事業課、農場、土木科、工人之加工情形如何？應由潘課長調查報核；

三、本廠所給各級福利，依照市價約可合若干錢？由潘課長先估一約數列成一表，明日呈閱；

四、調查各廠技工表格之填表標準，可照修正者印發各廠填報；

五、三所出品率，仍應照常辦理，不能減少；

六、失米票申請補發者，除一切手續照辦外，應另科罰金，每斗一百元，以資儆戒，定量分配准購證，遺失一不補，俟通告後施行。

散會

三

兵工署第十工厂第九十六次工务会议记录（一九四五年三月二十日）

16

密件（請於卅四年五月二十日以前交還工務處）

第四號

兵工署第十工廠第九十六次工務會議紀錄

時　間　卅四年三月廿日上午八時
地　點　本廠會議室
出席者　莊　權　蔡其恕　陳心元　林清許　王秩信　何戊德
孟繼炎　姚錦松　金樾聲　錢啟時　張庭桂　呂則仁
陳志靜　葉貽浩　鄒　昱　李繼遜　陳志瑄　陳嘉棠
朱寶鈺　沈培孫　潘　鴻　張世權　金子澄
紀錄　金之傑
主席　莊　權
宣讀第九十五次會議紀錄
討論事項
(1) 關於各部工作情形者。
主席：最近購運情形如何？
金科長樾聲：機用菜油一萬觔已到，尚有一萬觔即可到廠；此外袁子臣在合川方面本月內可購二萬觔，購油款亦已滙去九百萬；萬縣方面，另行採購，由舒鴻鈞前往洽接信後，再定滙款數目。浩森公司方面已收到一百卅餘丈，惟驗收尚有問題。現在市價，菜油回跌，木料仍看漲。至於運輸方面，川滇東路蘇局長已允在接收美軍新車後，代本廠帶廿餘噸，惟時間恐尚有一二月；署昆處到料甚多，似以在昆先行領取為便。
葉課長貽浩：運輸應即洽妥，否則一個月後將停工。

18

主席：由葉課長金科長會同將本廠需要而昆處已到之料，列表呈閲。再雲南經濟委員會方面車輛事如何？

金科長樾聲：已被統制，無從接洽。本廠需要之硫酸，擬先向二廠借，再向瀘州領到後歸還。白鉛迄未領到，材儲處料一到即被優勢各廠不依合法手續領去，本廠帶發料單去領，亦未能領到。

主席：二月份飭造令已發到否？

葉課長昭浩：尚未發下。聞單價四月份續有調整，擬即在日内先送一備忘錄，以免事後交涉、轉多枝節。

主席：可即以本廠所估單價，備文呈署，並申明四月份調整單價，審核應極仔細，以求切合實際情形。又硬模已試驗過否？

張工程師庭桂：三所硬模，已翻好送八所，尚未試驗。

主席：本廠各項製品之製交情形如何？

蔡工程師其恕：三七已裝好一萬二千，繳一萬後即不欠。

鄒所長昱：六公分本年内已裝好九萬。

沈所長培孫：迫砲至月底止可裝配好一百門，瞄準器五十副，本月底可先送驗五十門；約至四月底可趕出。

主席：迫砲所應注意二點：(1)本身製造之另件，應清理一次；(2)各所代造之另件，應與裝配配合。

蔡工程師其恕：本年三月底各所盤存時，擬澈底盤查一次。

孟工程師繼炎：迫砲零件、以做法隨時更改、道數亦隨之更動、比較繁亂、故有差額；
三七、迫彈、均不甚有差額。
主席：數量差額、係登記技術問題、應由作業課與各所會同解決、登記工作、似以交受過訓練之老工人辦為合。再三所最近之出品率如何？！
張工程師庭桂：迫彈每天可翻三千六百枚、廢品率已較進步；現有工人一百廿二人。
主席：現在各所工人之情緒如何、有進退否？，
潘課長鴻：工人進退甚少。情緒亦尚安定、以三月份起、工人待遇即將調整、工人已知此事、故較穩定。
主席：油布及電氣冰箱事如何？
何所長戊德：油布要翻一管子、已與三所洽過；此外並正研究塗的方法、以面積太大、手塗不易勻淨。冰箱則以前用管子係焊起來的、故易爛漏、現改用小銅管子做、可望有進步。
主席：關於油布方面應用之機件、可交楊工程師書仇設計。
王所長秩信：4絲鑽頭缺貨、不知能用4絲鑽頭否？
金科長機聲：4絲鑽頭、署方亦領不到。
鄒所長昱：尾管鑽眼工作、用4絲鑽頭、無甚出入。
主席：即改用4絲鑽頭可也。
(2)關於廠長訓示者。
主席：茲有數事、指示如後：

20

一、農夫工作時間、農忙與不忙時、完全不同、不能與工人相提並論、應計月資；不計日資、更不增加工獎。工應以產量標準為斟酌根據、由潘課長擬一辦法呈核。

二、調查各廠技術員工之表格及填表標準等、即函送製造司分發、並函告楊副署長。

三、美軍需要練習彈一萬二千、即可攜美軍認為合格之來函、至署接洽飭造令。

四、購置付款、應與發放工資同樣規定時間、由張主任家傑、蔡工程師其恕、孟工程師繼炎、郭處長孝同、金科長樾聲等五人會商。

五、趋迫砲應造十二門、趋迫彈應造一千五百發、應儘二個月內完成。一面繼續設計八二趋迫彈、彈重約以廿公斤、射程約以一千公尺為準；六公分趋迫彈單價、須預為估計。領料時、砲應以廿門、彈應以二千發為準。

六、各單位主管、對額外米之核轉、應十分嚴謹、以額外米實變相的增加待遇也。

七、撥迫砲若干門、（照編制中（連）之需）練習彈若干發、交本廠警衛隊練習。

八、各職如有曠工之工人、應即盤查其領用之公物、如有竊盜等事、應即呈報工務處、以便進行各種手續。

散會

三

案件（請於卅四年五月廿日以前交還工務處）

第四號

21

兵工署第十工廠第九十七次工務會議紀錄

22

時　間　卅四年三月廿七日上午八時

地　點　本廠會議室

出席者　莊　權　蔡其恕　陳心元　陳春棠　林清許　王秩信

孟繼炎　何戍德　姚錦松　金子澄　錢啟時　朱寶鈺

張庭桂　呂則仁　陳志静　葉貽浩　張世權　李繼遜

金樾聲　鄒　昱　沈培孫　陳志瑄　潘　鵠

紀錄金之傑　胡良齊代

主席莊　權

宣讀第九十六次會議紀錄

討論事項

(1)關於購置油料者。

主席：機用菜油購到後如何？

王科長秩信：第一次一萬觔稍厚，第二次一萬觔則更厚，不甚合用。

主席：機用菜油不合用，可以一部份換代柴油，一部份自己加工改良。又菜油如何？本廠每月用量約需若干觔？

金科長樾聲：菜油嚴重問題現已過去。本廠每月用量連福利用油在内約一萬觔。現在進行洽購中者有七萬觔，款已匯出，購到後可維持十個月之用。

(2)關於出品繳驗及各科缺料情形者。

蔡工程師其恕：四月份購料費甚少，三七砲彈應速繳出。因本月份署方祇發三萬五千迫彈餉造，今將不能多領製造費也。又擦槍器繳驗情形如何？

陳兼所長志靜：去年之擦槍器尚有四千套因等皮袋未交。
主席：最近物價波動情形如何？希望隨時向本人報告。
金科長攄聲：最近物價除五金物品外、均尚穩定。
主席：聞近來各廠欠繳出品甚多、請葉課長赴署調查。又彈尾管料如何？
王所長秩信：外國料尚有十天可維持、本國料不能用。
蔡工程師其恕：向資渝所定半噸可用否？
金科長攄聲：資渝廠之料尚未取來。
主席：彈尾管料、每月需用若干噸？
蔡工程師其恕：每月約需十八噸。
主席：一分鉄皮、目前有影響出品否？
孟工程師繼炎：一分鉄皮於六。迫彈目前尚無影響、但趍迫彈需用此料極爲迫切。
主席：與署方洽商單價問題、已有結果否？
葉課長貽浩：署方拟自四月份起調整增加率、爲原價百分之廿至百分之五十、現尚未决定。
主席：此項增加單價原則、鄭司長曾與本人談過、謂所拟增加之百分之廿、係經常的。百分之五十、係爲增產用的料價亦須增加。又三七彈一萬未繳、第二批飭造令已來否？
葉課長貽浩：因二月份者未繳、故三月份飭造令不發。
蔡工程師其恕：三七祇二萬、無關緊要。但每月一百門迫砲、如不能按月造交、署方即不

24

按月發令，將來一次交出数百門時，署方是否可照数發令。

主席：迫砲欠繳，牽制甚大，前定每三個月交貨一次，本廠尚难辦到，由各所協助半年後或可好轉，盼工務處本此意調度各所工作。

孟工程師繼炎：計劃三月底造繳之375門，已大致趕造完成，月底可先繳驗五十門，至四月底可全部交庫。至於六月底之375門，預計可如期全部交庫，以後可每月交清。

主席：本廠應在此春光明媚之際，及時趕工，蓋一至夏季炎暑蒸人，工作能力便要減低也。

沈所長培孫：迫砲本月底可裝好100門，因等待瞄準器，只能先交50門，四月底交清375門，至六月底止可再交出375門。

主席：迫砲所工作，孟工程師知之甚詳，盼即幫同設法督造轉手数。又4½公鑽頭有無問題?

王所長秩信：尚未開始用。

(3) 關於各所課商討辦理盤存者。

主席：蔡工程師報告本届盤存辦法。

蔡工程師其恕：今天發出表格，請各所長詳加查閱，有何意見，擬於星期三下午二時再在此召集談話會，作一商討，届時務希各所課有關人員一律出席。至於辦法內容，類都仍舊者，故不再報告，惟以後對於登記工料製品必須確實，各種月報表必須按期送到，作業課與成本課必須按期審核，並按期結出成本，向各單位報告，使各單位明瞭所填表格確在應用，則或可較有興趣而多負責任。

(4) 關於試造超迫彈及估計單價者。

主席：超迫彈希望大量出品，本廠工作或可由此打開另一新的出路，估計彈及砲架之單價事，由第八所辦理，估計時並應將一切試驗費用計算在內。

(5) 關於驗收材料支付款項者。

金科長樾聲：江邊運抵材料，每因等待驗收及運輸耽擱時日。

主席：江邊到貨，應隨到隨收，運輸工作務求配合迅速，如同時有數起貨到時，可分數批工人同時搬運。

(6) 關於超迫彈之製造方式者。

主席：試做約一十公斤迫彈。

孟工程師繼炎：超迫彈彈頭現已有翻砂樣子，在此彈頭料缺乏之際，可否照已試製成功之尺寸，先翻一批生鉄彈頭，請飭造繳軍隊試用，同時再研究改製加重超迫彈。

主席：彈頭可用翻砂製造，但須預先有各項試驗成功後，先造繳一批加重彈，總以能盡底板力量及加大擲彈器直徑為原則。

主席：茲有數事指示如次：

(一) 本廠技術人員尚感不敷，為配合增產工作計，應添用額外技術員，以利作業，由工務處通知人事股呈署備案。

(二) 本廠目前急需材料，一面搜購，一面向友廠商借，儘力免避停工待料。

散會

三

兵工署第十工厂第九十八次工务会议记录（一九四五年四月九日）

26

密件（請於卅四年六月九日以前交還工務處）

第四號

兵工署第十工廠第九十八次工務會議紀錄

時間　卅四年四月九日下午二時

地點　本廠會議室

出席者　莊權　蔡其恕　陳心元　陳熹崇　林靖許　王秩信

孟繼炎　何戊德　姚錦松　金子燈　錢啟時　朱寶鈺

張庭桂　呂則仁　陳志静　金樾聲　葉貽浩　張世權

潘鴻　鄒昱　沈培孫　陳志瞻

主席莊權　紀錄金之傑

宣讀第九十七次會議紀錄

討論事項

(1)關於各單位工作者。

主席：最近各項製品之進度如何？

王股長秩信：二股担任之彈尾管工作，本用五架自働車製造者，現已減用二架，即以二架而論，股存之料只能維持至四月底止，四月底前如不來料，第一道工作，勢須停止。

主席：資渝廠方面之半噸已領到否？

金科長樾聲：已派員去運，尚未運回。

主席：由署飭友廠製造之料如何？

金科長樾聲：係四月份飭造者，須至五月份始可給領。

主席：迫砲情形如何？

孟工程師繼炎：以目前情形而論，四月底交出三百七十五門，可無問題。

主席：應備文向署聲明本廠不能負責之各項情形（如（一）待料飭由友廠代造之料未到應請緩發飭造令（二）停電等）因而影響本廠製品之製繳者，不應由本廠負責。

金科長繼聲：五分銅條四噸已到渝，惟未入庫，已為廿一廠領去。在署方知本廠銅料八噸已運出。

主席：三月份之飭造令何以發出時間甚遲。

葉課長聆浩：三月份署方以須清理各廠二月份製交情形及等候各廠報告三月份實在能繳數量後始發飭造令，故較遲。四月份以單價調整關係，其發出之時間恐更遲。

主席：關於超迫砲及彈之單價已估出否？

葉課長聆浩：已估出，超迫彈每發約在一萬八千元左右，超迫砲每門約在卅萬左右，嗣以計算方面又有變動，會計處須重行估計，約本日下午可以決定。

主席：關於製造超迫砲及彈之各項製造上的準備情形如何？

孟工程師繼炎：各項夾頭工具預計於本月底前準備齊全，下月份可開始工作。彈頭之翻砂部份，調三所二班翻砲彈工人翻製，預計四十天翻二千發，翻成後即在三所二部車。其餘部份由八所製焊完成，彈尾管工作，交二所做，所需夾頭，亦預定本月底完成。砲料不成問題，擬造十六門，由八所辦。揹砲帶已由合川社製成樣子一只，因不甚合用，已請另製，不久可製成呈閱。砲彈裝箱已製就樣箱各一只，請決定式樣後即可繪圖正式交製。

陳總工程師心元：圖樣只差漏斗中的四個沖具，約下星期可完成。

鄭所長昱：砲彈裝箱問題，引信如分裝，恐有問題。

主席：引信以不分裝為是。再七所做鋁皮匣子之沖具已完工否？

鄭所長昱：已完工，惟尚有數件須改正。目前鋁皮匣子存貨尚多，不致影響製繳。

主席：此次本廠與五十廠等在本廠江邊砂灘比較試射，本廠以各所辦事認真，檢驗嚴格，署派駐廠檢驗員亦認真從事，均能切實合作，故成績較佳，實堪欣幸。希望所擬檢驗規格早日完成。將來更可進步，可永久保持令譽。再美工程師來廠協助改良工作，各單位應有一致的認識，即吾人應利用外來的新思想新經驗，以促進本廠技術之進步。本廠技術人員，本不敷支配，正好與外來專家一同研究，以履行增加生產之原則。本人希望於美專家者可分為二步：（一）第一步減低廢品率10%（即自28%降為18%）；（二）第二步再減低廢品率5%（即自18%降為13%）。試驗數目，應以一千發為標準，應有各種詳細紀錄，工作方面，如有問題，亦應一一提出。美專家所建議各項，究竟當否，係另一問題，然吾人亦不可自滿。此事由陳總工程師心元主其事，而由有關各所分任，可先試機工，俟翻砂材料到後，翻一批、再加機工，分批試驗。

蔡工程師其恕：增產中之材料，因素極為重要，即柴油一端，本廠現存柴油只

30

夠焊電二日之用。

主席：可先購運通油半噸試用。

金科長樾聲：三寸以上鋼料，署屬各廠不能代軋，一寸一鋼條缺貨，一時無法洽領。

(2)關於工務處提請注意者。

蔡工程師其恕：茲有數事，應請各單位注意，茲報告如次：

一、增產計劃，以月出迫砲一百五十門、彈六萬發為標準，各所估計應添人數，送工務處核。（最好不加夜工，如必須加夜工者，應加若干人？如開局部夜工，能解決否？）

二、一月份工人出品獎金未送出各所，應即送工務處。

三、在停電輪流休息期內，檢驗課除火工檢驗外，改依甲組休息日期休息。

四、各所領用未經檢驗合格之品，用後發現不合用者，應退原製所換合用品，並由原製所將不合格品修正或報廢；如領用已經檢驗合格之品，應由領用單位報廢。

五、若干零件檢驗尚欠週密，可由第七所提出需要條件，與檢驗課工程師室會商檢驗辦法，增添必要樣板。

六、電焊尾翼，交檢驗課驗。

七、六角車床可試用調水油。

散會

二

密件（請於卅四年六月十七日以前交還工務處）

第四號

31

兵工署第十工廠第九十九次工務會議紀錄

32

一

時間　卅四年四月十七日上午八時

地點　本廠會議室

出席者　莊權　蔡其恕　陳心元　陳喜棠　林清許　王秩信
孟繼炎　姚錦松　金子澄　錢啟時　朱寶鈺　張庭桂
呂則仁　陳志靜　金懋聲　葉貽浩　李繼遜　鄒昱
沈培孫　陳志暄　潘鴻

主席莊權　　紀錄金之傑

宣讀第九十八次會議紀錄

討論事項

（1）關於各單位工作者。

主席：二七彈已裝若干發？

鄒聯長昱：已裝一萬四，尚少六千，等炸藥體。

何聯長戊德：現即可開工，可完成六千，湊足二萬之數。

王聯長秩信：機工方面，已多做八千。

主席：二七彈完後，即趕六公分彈，本廠自行決定應做之數，如有不足，應即趕補。

孟工程師繼炎：不足之件，均係等料之件，料來即可趕。

鄒聯長昱：引信亦等料。

蔡工程師其恕：引信缺底板。

呂聯長則仁：較好之料須做保險簧，然保險簧料，至本月底，亦將用完。

主席：資渝方面之半噸料如何？
王耶長秩信：一寸一彈尾管料已用過，可用。
主席：徐爾康方面如何？
蔡工程師其恕：徐爾康方面技術上尚有問題，現擬先趕有料各件，惟短期間內出品仍須受影響。
金科長燧聲：鋼錠可向署洽領，惟資渝方面最好再去一洽。
孟工程師繼炎：自動車現因缺少刀架，故不能利用做引信體。
主席：火刀架可自行翻製。本廠銅料八噸已運至何處？
金科長燧聲：經再度接洽，知上次報告之消息並不確實，現仍未運出。署料、四月底聞可到千噸。（美軍車運六百噸，川滇東路局車運四百噸）
主席：以目前情形論之，銅條仍有問題，鋼料尚有辦法。二廠方面之柴油等問題，亦應即與接洽。可購桐油交二廠提鍊，並先領柴油十噸應急。
金科長燧聲：昆明有八米厘銅條可代三孔料之用、中國製片公司試軋之二根已軋壞。
呂耶長則仁：三孔料亦缺。
主席：八耶用汽錘打成之六孔料，可交四耶試用。本廠自翻之一寸二銅棒，可繼續交八耶用汽錘打，並向署方領一寸銅料，以便孔別拉打。
陳耶長志靜：三七銅好拉，四六銅不好拉。
主席：迫砲彈試驗情形如何？

34

二

孟工程師繼炎：翻砂彈頭、實彈之成績甚佳、明日上午繼續試打、擬請廠長參加試射。

主席：明日試射、本人亦參加。再超迫彈製造方面能向外發包者、以向外發包為是、俾不妨得原定各種製品之產量。

孟工程師繼炎：將來尾翼及彈頭冲壓工作、可在一所做、一所工作尚來得及、擬不向外接洽發包、以發包之件、做法每難確實也。

主席：可酌辦。彈尾管尺寸不再改動、可洽請一廠做毛胚二萬個。底板應即洽妥。另由工務處辦稿函陳司長將廠八二迫砲底板撥交本廠應用。

孟工程師繼炎：迫砲裝箱時、擬每彈配一藥匣固封備用。以防潮濕、且利前方射擊。

主席：可照辦。迫砲製繳情形如何？

沈股長培孫：第一批四十八門正裝箱。以後每隔三日、即可有一批繳驗；至廿九日裝配部四百門可送驗、八日後裝箱、最後一批、下月初旬可交庫。目前已與檢驗員洽定、先行隨送隨驗、俟飭造令到廠、再行洽繳。

主席：盤存事如何？

蔡工程師其恕：三月底已辦理完畢、各股結果、均尚良好、並無大出入。

主席：最近工人情形如何？

潘課長鴻：以受五十廠及廿一廠增產招工之影響、頗有走動、惟尚不十分利害。

主席：砲管有輕紋事、驗收辦法、已商定否？
孟工程師繼炎：已與林課長商定、有輕紋者驗收、較深者不驗收。
主席：製造六八公分迫擊砲及彈之工時及方法、均已差不多否？
孟工程師繼炎：彈已差不多、砲尚拿不住。
鄒所長昱：裝配方面、已達最高點。
主席：本人有一意見、擬將工作時間在工資不變、產量不變之原則下、將每日工作十小時、減為每日工作九小時、俾職工可有充分時間休息、健康方面可較有進步。惟十小時之工作、必須於九小時内完成、工作時努力工作、休息時充分休息、各所應分別切實考慮後、於一星期研究完畢、下星期提出討論。

(2) 關於廠長指示者。

主席：茲有數事、指示如次：
一、四月份飭造令、可於六公分迫彈外、請發砲一百五十門、被甲彈一萬發。
二、呂所長即與鄒何兩所長會商趕造砲射表工作。
三、二所即車彈尾管三十個、即行試驗、否則水漲後、即無法試驗矣。

散會

兵工署第十工厂第一百次工务会议记录（一九四五年四月二十四日）

密件（請於卅四年六月廿四日以前交還工務處）

第四號

10

兵工署第十工廠第一百次工務會議紀錄

01-1

一

時　間　卅四年四月廿四日上午八時

地　點　本廠會議室

出席者　莊　權　蔡其恕　陳心元　陳喜棠　林清許　王秋信
孟繼炎　姚錦松　金子瀅　錢啟時　張庭桂　呂則仁
陳志靜　金樾聲　葉聆浩　李繼遜　鄒　昱　陳志暄
何戊德　潘　鴻　沈培孫

主席　莊　權　　紀錄　金之傑

宣讀第九十九次會議紀錄

討論事項

(1) 關於各單位工作者。

主席：資渝代軋鋼料一節，已洽過否？

金科長樾聲：最近無空，下月中旬可代軋；鋼錠亦須下月中始能領到。惟遷建會託該廠代軋時，係由遷建會派員監軋，如發現夾灰等料子方面之毛病，軋工仍須照算百分之六十；如軋的技術方面有問題，軋工始不計算。本廠是否亦照樣辦理？

主席：可照辦。由工程師室屆時派員前往監軋。又五聯壓製炸藥體之工作如何？

何聯長戊德：今日下午可開始做最後一道工作，日內即可完成。

主席：五寸鋼管已領到若干？

02

金科長機聲：已領到八千餘噸。

主席：徐爾康方面之工作情形如何？

孟工程師繼炎：現正先做一炉子，以前做之炉子，溫度太不均勻。

蔡工程師其恕：在未能正式軋製前，擬令先打一批約五分半者，由四所自車外皮，以濟急用。

主席：銅料如何？

金科長機聲：五分七分一寸之銅料共到四噸，本廠分到一噸。

主席：署料已運到若干？

金科長機聲：目前已有一百九十噸運到泸州。

主席：中國製片公司試軋之二根可否收回？又上次試驗趕迫彈失事，與膛炸迫彈情形相仿，其原因何在？請何所長報告。

何所長戊德：此事經與鄒呂二所長共同研究，其初步結論，可分下列各點：

一、炸藥體有氣孔，以致發生炸藥體移動位置；

二、鑄鐵殼有沙眼或裂紋，以致發生彈殼震破；

三、尾管未上到位（即與彈口未貼合），以致發生尾管向前衝動。

令擬先從下列各方面改進，以求達射擊確實安全之目的：

一、關於鑄鐵殼方面：

(1)彈殼後部加厚；

(2)試水壓；

(3)彈殼內壁之砂應去淨、並加塗料。

二、關於裝填炸藥方面：

(1)防止氣孔之發生；

(2)藥面尺寸保持準確；

(3)傳爆劑不與彈壁接觸。

三、關於雷管方面：

(1)雷管殼體特別加厚，或改良其構造，以增加對意外碰擊之抗力。

凡此種種，已開始進行實驗。

主席：鑄鋼超迫彈彈殼已鑄若干個？

孟工程師繼炎：已做一木模子，本月可翻二百個。

主席：電焊機夠應付否？

孟工程師繼炎：尚夠。

主席：各美專家在廠情形如何？

陳所長喜棠：史諾（Schnuy）在三所，對於翻砂用砂，以80%黃砂、20%黏土（Clay）之配合，認為頗適用。

王所長秩信：傑克布斯（Jacobe）在二所，將車彈頭之夾頭，卸下重行裝置襯片，改正後已只差二絲。

主席：應讓其詳細觀察後，再與洽談。再關於各所以距離食堂遠近不同，每有吃不到飯之慮，事業課編排工友膳桌，應按所分排，工作時間、

04

由工務處研究後再定。

(2)關於工務處提請注意者。

蔡工程師其恕：茲有数事、提請注意：

一、不作工機器之馬達、應即停止、電燈可省即省、俾節電力；

二、各聯如有適合担任抄寫工工作之工友、請即至工政課登記、俾有需要時、不致臨時無從物色、惟技術優良而同時適合抄寫工作之工友、仍以担任技術工作為歸；

三、單身工人、在廠外搭伙者、可仍由各聯長通知事業課發携米出廠証；

四、迫砲木刷柄、可仿美式試造数具試用。

散會

三

05

30

密件（請於卅四年七月一日以前交還工務處）

第四號

兵工署第十工廠第一百零一次工務會議紀錄

06

一

時間　卅四年五月一日上午八時

地點　本廠會議室

出席者　莊權　蔡其恕　陳心元　陳喜棠　林清許　王秩信
孟繼炎　何戊德　姚錦松　金子澄　錢啟時　朱寶鈺
張庭桂　呂則仁　陳志靜　金繼聲　葉聪浩　張世權
鄒昱　李繼遜　沈培孫　陳志暄　潘鴻
紀錄金之傑

主席莊權

宣讀第一百次會議紀錄

討論事項

(1)關於各單位工作者。

主席：四月份各單位工作進度如何？

鄒所長昱：三七破甲彈二萬發已造足。六公分迫砲彈本年至四月底共造十二萬五千。

沈所長培孫：迫砲一百門已裝箱，第251-300門在檢驗中，惟近以天雨，不能試強度，裝配部本星期內可完成400門。

陳所長志靜：擲槍器八千套已完成，現等皮袋。

主席：照本廠規定製造數量核計，凡有未足數者，仍應趕做，以求達到目的。

葉課長聪浩：四月份單價，聞已規定係照基數加20%，惟材料方面，鋼料加50%，非鋼料加20%，故實際上轉不合算。

07 80

主席：關於四月份飭造令、單價、材料、等問題，派葉課長明日入城接洽。又署料700噸之運輸情形如何？

金科長機聲：署料700噸已自昆運出、現在宣威；本廠料十噸已由川滇東路運出、或可提前運至泸州。

呂股長則仁：三分銅條料甚缺。

蔡工程師其恕：徐爾康打五分銅條、須十五萬一噸、八股一星期可打一噸、如能加班每星期打一噸二、三則一月可得五噸即可夠用。

主席：可先自行趕打五分及三分銅條料。又上星期試驗廹迫彈之結果如何？

何股長戊德：上星期會同鄭呂二股長繼續試驗廹迫彈之情形如下：

一、關於鑄鉄殼方面經用油壓機加壓直立彈殼試其耐壓能力；

(1)不裝假尾管、平壓彈口、壓至112噸時、僅鉄皮製之風帽頭端受壓凹進、及其與彈體焊接處有裂縫、彈體本身仍完好如故；

(2)仍用(1)項試過之彈殼、裝上假尾管、惟不令到位(即與彈口不貼合)、則壓力完全加於螺絲牙、壓至7噸、彈體即驟告破碎、但螺絲牙未損、此當係螺絲牙距彈口邊緣、有10粍距離、受壓而生彎曲力所致。

此項耐壓之確實數字、仍待多加試驗、始能確定。

二、關於雷管方面、經車製厚壁短粗之雷管殼、裝藥試炸傳爆劑、結果效力不差、惟對於整個彈體之擊穿效能、有無影響、須俟有彈殼後實地試驗方知。至裝填炸藥方面之試驗、因待彈殼、尚未試驗。

三、關於鑄鉄殼迫炮彈於河灘卵石地基上靜止炸力試驗之結果如次：共試二只，炸坑深約30公分，坑之直徑約50公分，與射擊時落炸者相類。可知對鑄鉄殼彈、引信之感度並不遲鈍，惟尚待多試，以求証實。

主席：迫炮彈已翻成若干隻？翻製時應注意去彈殼內面之沙層，及極力避免偏心。

孟工程師繼炎：迫炮彈本日起可翻製。

主席：尾管應先趕車20個。再美專家傑克布斯極為切實，機工方面問題，可與洽談。翻沙改良方式成效雖不顯著，希望翻沙部技術人員詳加研討。以月產十萬發迫炮彈為主題，各部先研究；如月產十萬發，應添置何種設備，加蓋若干廠房、增添若干人手等問題，下星期再提出討論。惟增產問題，原有二種途徑：(1)縮短工時，減少廢品；(2)添人添機器。現第(2)辦法無從談起，故應按照第(1)辦法努力。再木料情形如何？

金科長機聲：廿廠可供給四分半者三百英方，另有一千丈松木，可於下月五日交清。至前訂之二千二百丈木料，以等各關開放，須在五月十五日前始可陸續交清。

主席：談起已久之鉋木機，已領回否？

金科長機聲：該機以須補充另件，故本星期始可領回。

散會

密件（請於卅四年七月八日以前交還工務處）

第四號

09

兵工署第十工廠第一百零二次工務會議紀錄

10

一

時間　卅四年五月八日上午八時

地點　本廠會議室

出席者　莊權　蔡其恕　陳心元　陳喜棠　林清許　王秩信

孟繼炎　何茂德　姚錦松　金守澄　錢敘時　朱寶鈺

張庭桂　呂則仁　陳志靜　金樾聲　葉聪浩　張世權

鄒昱　李繼遜　沈培孫　朱建中代　潘鴻　陳志瞻

主席　莊權　紀錄　金之傑

宣讀第一百零一次會議紀錄

討論事項

(1)關於各單位工作者。

主席：兵工署補發之三月份飭造令，本廠以限於經濟，無法辦理，應即由工務處備文申復。又八所打銅條事如何？

朱所長寶鈺：已於昨日開始工作。

孟工程師繼炎：七分五分的仍擬交徐爾康拉；炉子約一星期後可乾，如現在即用猛火恐烈裂開也。

主席：迫擊彈已翻製若干個？

陳所長喜棠：現以模子有錯處須改正尺寸，故工作較遲緩，每天約可翻十餘個，現已翻好卅餘個。

蔡工程師其恕：彈尾管廿現可運到一批，惟不允代車，須本廠自行車一道。

孟工程師繼炎：如是則須加夜工。

朱所長寶鈺：超迫砲小另件已做完、毛胚已全好、大另件在製造中。

主席：底板由葉課長向署接洽。又超迫彈何日始能有出品？

孟工程師繼炎、現在工時尚未算出，故一時不易估計。又彈尾管料、資渝方面以工作較忙、不允代軋。經情商後，始允五月底帶軋廿噸，其餘於七月底交。惟銅條除已接受之六十噸外，則不允再行代軋。

主席：署方鋼錠已領到否？

金科長機聲：已妥為接洽十一噸以前可送廠卅噸；在資渝廠接洽時恐運輸或有遲緩、已與洽定可先於遷建會存料中提卅噸先軋。

主席：三所翻砂間用獎工辦法後情形如何？

陳所長喜棠：一般情形均較以前為佳，惟遷來以外廠紛紛招工，故流動性較近為烈。廢品率、亦以用獎工制關係已較減少。又如每月以十萬為目的、須添炉子、烘房、翻砂間亦必須設法擴充，車工須恢復夜班。

王所長秩信：如每月以十萬發為標準、則六部自動車床須加開夜班，二部車引信體，四部車彈尾管。如加超迫彈工作、六角車床亦須加開夜工。

何所長戊德：五所擬添蓋白藥房、雷管房、裝配間各一座。

姚所長錦松：如以十萬發為目的，貯藏木箱之蓬子、須加搭一座。

主席：七所房屋能以大間利用者，最好勿即分隔成小間，工作支配時有進步、面積較大、支配較易，一經隔小，改動即不甚方便也。又水電所沉澱池已準倫加造水泵夠否？水管夠否？用水量恐仍不敷、暑天用水、仍須加以限制。

錢所長啟時：水管尚夠用。

孟工程師繼炎：五十廠代鍛之件、約三百餘件、即可交來、並稱嗣後仍願代本廠鍛製。

主席：能自辦者仍以自辦為原則。又廹砲交驗情形如何？

朱技術員建中：署方已驗350門、尚有50門未驗。

主席：二廠方面之馬達、柴油等已運回否？

金科長機聲：柴油1300介侖已運回、馬達正函詢中。

張所長世權：33年9月以凡士林奇缺、經工務會議議決、交本室研究彈帶防銹辦法、茲特將研究結果報告如次：

彈帶防銹不外二途(一)在彈帶上塗油(或漆)、使與水氣及二養化碳隔絕；(二)使彈帶表面之分子與化學藥品起作用、生成某種能抗水氣及二養化碳之侵蝕之鉄化合物。塗凡士林、即為第(一)法、此次試驗者即第(二)法、共試七種：

(一)草酸及硝酸鎳；

(二)重鉻酸鉀；

(三)硝酸鈉；

(四)硫酸鉄；

(五)磷酸鈉；

(六)丹寧酸及氯化鉄、

(七)磷酸及硫化鐵。

當先將各種溶液塗於彈帶上、置於有酸煙之空氣中、試其抗蝕能力、其中以(六)、(七)兩項為最佳。二星期後、始有微銹、繼將塗有此二種溶液之彈體置於濕空氣中、則以(七)項為最佳。自去年十月迄今共七個月、尚未生銹。至尺度及外觀方面、有無問題、尚待繼續試驗。

(乙)關於廠長訓示者。

主席：茲有數事、指示如次：

(一)關於做鉛皮匣子奬金已撥五萬元、即由蔡工程師與鄭所長會同擬定分配百分比；

(二)工具、翻砂、均以月出十萬發為目的；徵詢美專家意見；

(三)各所在未放工時已麇集門口、放工時沿途仍有叫囂情形、各所長應注意管理。

散會

兵工署第十工厂第一百零三次工务会议记录（一九四五年五月十六日）

寄件（請於卅四年七月十六日以前交還工務處）

第四號

:14

兵工署第十工廠第一百零三次工務會議紀錄

時間 卅四年五月十六日上午八時
地點 本廠會議室
出席者 莊權 蔡其恕 陳心元 陳喜棠 林清許 王秋信
孟繼炎 何戊德 金子澄 錢啟時 朱寶鈺 張庭桂
呂則仁 陳志靜 葉聆浩 張世權 鄒昱 李繼遜
沈培孫 陳志暄 潘鴻 金樾聲 姚錦松
主席 莊權 紀錄 金之傑
宣讀第一百零二次會議紀錄
討論事項
(1)關於各單位工作者。
主席：署方對生產計劃能否辦到，尚未一定，然本廠之準備工作，則不能中止，仍須繼續進行，在此反攻時期，兵器製造工作不能反較以前減少。各種對於增產之準備工作，仍不能放鬆，以便經濟情形好轉時，即可動手趕做，此事應特别注意。又署長對趕迫砲及彈頗為關心，至六月底止趕迫砲可製造完畢否？又彈尾管料現係向一廠借撥者，已面請 署長向一廠關照矣。
朱所長寶鈺：趕迫砲至六月底止，希望可完成18門。
孟工程師繼炎：資渝方面對彈尾管料，恐又不允代軋。
陳所長喜棠：鑄鐵趕迫彈體現已翻好二百個，已較前進步，且無廢品。

16

孟工程師繼炎：超迫彈尾管之工時計算、再試一二天後即可有眉目。

主席：照本廠自定數額至目前止共欠若干？

蔡工程師其恕：至五月十四日止已做好十四萬六公分迫砲彈、按照本廠自定標準、尚欠四萬發，均係等料之故。

孟工程師繼炎：徐爾康方面已在軋五公分、並擬設法試軋三公分者。

主席：上半年度只剩一個半月、所差數額亟須設法趕齊；如生產數額能夠標準、則一切均較有辦法，盼各努力以赴。再傑克布斯與史諾，在本廠工作情形，均已向生產局提出報告。傑克布斯者頗切實，惟其中言外之意、對工程師室之工作效率、不與徵詢，嗣後應儘量加添較高級工程師、可於額外技術人員額中聘用，以期加強充實；各所照現在情形論之、所長一人兼顧技術與管理業務，以之不能調派至工程師室服務、盼大家留心物色堪以充任如副所長程度之技術員、以便充實人事、此與各位所長事業之發展至有關係、關於翻砂增產、可用(1)翻砂機、(2)硬模法可自行試驗。將來產量增加、採用件工制後對於檢驗應格外嚴格、否則品質有漸趨低劣之勢、本廠工作向以切實認真為歸、此本廠最可寶貴之精神、應始終保持、最為緊要。又適來工人進退情形如何？

潘課長鴻：適來退多進少、其原因為外邊工資較高之故。

主席：三所前擬添一方棚結果如何？

錢所長啟時：曾由方技術員等與商家接洽，僅有一家有鈦鎢片，送來報價

曾去接洽一次，未遇主管人員，因此無結果，當再往洽，又悉該項鈦鎢片可向生產局申請，擬與生產局一洽。

主席：即試與生產局一洽。又各項過時危險品，如八二藥、六公分迫砲藥、T.N.T.等應先研究能否利用，如無可利用者，應即銷燬，以免危險。

散會

兵工署第十工厂第一百零四次工务会议记录（一九四五年五月二十二日）

0.1 18

密件（請於卅四年七月廿二日以前交還工務處）

第四號

兵工署第十工廠第一百零四次工務會議紀錄

時間　卅四年五月廿二日上午八時
地點　本廠會議室
出席者　莊　權　蔡其恕　陳心元　陳喜棠　林清許　王秩信
孟繼炎　何戊德　姚錦松　金子瀅　錢啟時　朱寶鈺
張庭桂　呂則仁　陳志靜　金樾聲　葉貽浩　張世權
鄒　昱　李繼遜　沈培孫　陳志暄　潘　鴻
紀錄　金之傑

主席　莊　權

宣讀第一百零二次會議紀錄

討論事項

(1) 關於各單位工作者。

主席：明日有吳其偉將軍暨本部軍官等來廠參觀，即在會議室佈置陳列各種出品；超迫砲及彈，並須準備試射。又八所準備之增產用樣板已着手否？

朱所長寶鈺：已在製造關於砲彈用之樣板，一部份已經完成。

主席：應將各種樣板之名稱、數量（請製數量及完成數量）須分別列入夠用幾時，由檢驗課第八所會同列表呈閱。又迫砲彈內面光滑否？

何所長戊德：迫砲彈內面，原較超迫彈光滑，現正擬用鋼絲刷子刷一道，並塗柏油配成之漆，以資光滑。

主席：清除鐵屑砂屑工作，應規定辦法，由有關部份分別負責辦理，由

20

何所長研究後下星期提出討論。再趕迫彈之翻砂工作，已看過，做得尚好，無偏心等疵病，惟應試水壓及韌性，應隨做隨試，勿使脫節，由孟工程師負責督促。

孟工程師繼炎：以現狀論之，翻砂方面之問題小，彈尾管之問題大。

主席：三所二部工人使用樣板不得法，損壞甚多，應注意校正；又機器上之鐵末子不能任其散佈，以免機器磨損，亦應隨時注意指導。又各種以工軌道之工作均可試行件工資，惟一切應行準備之材料工具等件，均應事前準備齊全，不能或有中斷；工時紀錄，仍須切實辦理。又銅料之運輸情形如何？

金科長機聲：銅料昆明已運出200噸，60餘噸已運到瀘州，如運到重慶，本廠可分得十餘噸，惟其中無3分銅料。

主席：迫砲彈彈尾管料如何？

金科長機聲：已派船去運，五六天後，可由資渝廠運來25噸；現各方接洽後可有90噸之譜。（前稱25噸亦在其內）

主席：硬模法已開始試驗否？

張工程師庭桂：草圖已繪就，正設法繪製中。

主席：美專家建議各點，工程師室已辦竣否？

陳總工程師心元：僅餘一吹頭未繪就，其他均已繪就。

主席：工程師室充實人員事及擴充後面房屋事，均應從速進行。再各所所缺材料如何？

蔡工程師其恕：現尚缺2½公、3公銅料、付鋼料、馬口鉄皮等。

金科長樾聲：馬口鉄皮最近有少量可到。代柴油本廠現存800—900介侖，可源源供給，惟每噸單價最近已調整為九十三萬五千元。

主席：工人動態如何？

潘課長鴻：最近工人進六十六、退五十四，惟所進工人以小工為多。

主席：工人工資情形如何？

蔡工程師其恕：現以生活程度高漲，工人生活補助費，擬參照三月份調整辦法、再加50%，即照二月份之生活補助費加100%。獎金單位，亦自每分十三元增為每分卅元。如是，則最高級工人連獎金每月可得23,000餘元；中級工人以一等六級為標準，可得約13,000元；最低級的工人可得5,000元。各所長如有意見，請即提出，以便參酌。

主席：工資增加與工人晉級係兩事，工人晉級仍以自七月一日起為是。又六公分迫砲彈、現已裝若干？

鄭所長昱：現已裝十五萬。引信問題更為嚴重，零件尚差三種，無法裝配。

主席：處理各種危險品如何？

蔡工程師其恕：六公分藥800餘桶已逐一驗過，其中29桶，應即銷燬；八二藥亦擬逐一驗過，不能用者，即予銷燬。二廠及各交通水利機關之公函已發出。

主席：又九厂之排鋸如何？

朱厂長實鈺：斷的已接好，惟上面的螺絲又鬆，正校正中。

姚厂長錦松：如排鋸裝好，外箱即可設法自製。

金科長樾聲：包商承包外箱類多蝕本者，以致發色極為困难，此次運回之一千隻驗收合格者僅57只，943只均須退修。至發色數量，至目前止尚有8000只未繳。

主席：外箱驗收工作，以後應由七厂九厂及檢驗課輪流派員至製造處驗收，將合格者運回。

（2）關於改進鑄鉄殼迫擊彈者。

何厂長戊德：三週以來關於鑄鉄殼迫擊彈之改進工作，在繼續進行中，茲將最近研究經過報告如次：

（一）雷管方面：限於引信構造，欲求雷管增加對意外磨擦之抗力，似只有將雷管增厚，以提高其強度之一途，擬改為短而粗之雷管，初仿蘇式榴彈雷管內裝矽化嘖特，因燃爆式炸力小而失敗。又試車長2.0公厘厚1.0公厘之殼，多次改變裝藥方法，試鉛板炸力，毫不見弱，惟試炸迫擊彈時，則不能穿一塊鋼板，因知其引炸力不足，亦告失敗。再試車各種厚度之六公分管殼（由0.4至1.6公厘厚），完全採用六公分雷管裝藥量與裝藥方法，則壁厚1.6公厘之雷管，鉛板炸力較六公分雷管約大一倍之多，擬再試炸迫擊彈，如能充分起爆，則知增厚雷管壁，裝藥量必須達某一限度、引炸力方不致減弱、現擬就管壳直徑加大試驗、已請第四股代為車壳。此項試驗、如皆無效、擬試增加一小特出兒藥柱、作為第一種之傳爆藥、以起爆梯恩梯融混特出兒之現用傳爆藥、或可解决此問題。

(二)裝藥方面：仍用分層澆注融藥法、以亦可免除氣孔。現擬將最末一次澆注改為中空之假引信體、以便收縮時或有氣孔之澆頭部份、可溢於彈外、隨退假引信時、一同取去。此項假引信正自行車製中。

(三)彈膛壁塗漆：擬以柏油與松香等物、配製一種價廉合用之油漆、但仍有過黏遲乾、與太軟等之弊、尚未得出結果。

(3)關於廠長訓示者。

主席：茲有數事、指示如次：

(一)六月起改用夏季時間、工作時間、應改為上午6:30—12:00、下午2:00—7:00；

(二)職員離職、一切手續、應由人事股限期認真辦理、追保亦由人事股辦。

散會

兵工署第十工厂第一百零五次工务会议记录（一九四五年五月二十九日）

密件（請於卅四年七月廿九日以前交還工務處）

第四號

242

兵工署第十工廠第一百零五次工務會議紀錄

時　間　卅四年五月廿九日上午八時
地　點　本廠會議室
出席者　莊　權　陳心元　蔡其恕　陳喜康　林清許　王秩信
何茂德　姚錦松　金子燈　錢啟時　朱寶鈺　張庭桂
呂則仁　陳志靜　金檝聲　葉貽浩　張世權　李繼遜
孟繼炎　鄒　昱　沈培孫　陳志暄　潘　鴻
紀錄　金之傑　胡良濟代

主席莊　權
宣讀第一〇四次會議紀錄
討論事項
(1)關於製造超迫彈各項情形者。
主席：超迫彈射表何時着手。
孟工程師繼炎：彈尚未製出，故尚未試，下星期可製卅發打射表。
主席：超迫彈彈尾管車製情形如何？
王所長秩信：因缺螺絲樣板，故尚未車。
蔡工程師其恕：超迫砲底板廿一廠謂因鉄料不允代壓，署方擬令本廠領料自製，而本廠實無法壓製，擬再向署交涉，務請飭廿一廠代壓。
主席：關於超迫砲底板問題，並不嚴重，究可請署長解決。又超迫彈生鉄彈壳試驗水壓及裝藥情形如何？

一

26

孟工程師繼炎：水壓尚未試驗。

何聯長戊德：超迫彈裝藥準備工作已告完成，現待試拆鋼板，結果容試後再行報告。

主席：超迫彈之製造問題，務於六月份內解決，勿再拖延。

(2)關於材料及運輸者。

主席：金科長赴署接洽運輸材料事如何？

金科長機聲：已同郭處長至署核料科洽過，署允暫撥借款一綜，以為本廠運料之需。

主席：資渝代軋之彈尾管料如何？

王聯長秩信：已運來十二噸，經試用甚好，惟尺寸大一公厘。

金科長機聲：資渝現有八十餘噸料，以船少運輸困難，現祇於本廠送鋼錠去回空帶運三分者明後日即可往儲整處領運，昆明有八米厘者約二噸，如運輸問題解決，則聯鉄銅料均可希望能接濟得上。

主席：馬口鉄皮本廠可領到否？

金科長機聲：可分到600公斤。

(3)關於調整工資者。

主席：調整工資事如何辦理？

蔡工程師其恕：自五月份起米代金已增至每斗760元，工人工資，此次擬先

二

按照署頒規定調整至工人晉級，仍循向例於七月份辦出品獎金，將自五月份起改為每分卅元。

(4) 關於製裝六〇迫彈者。

主席：六公分彈，截至現在止已裝好若干？

鄒聯長昊：已裝就十六萬，除繳出飭造數外，尚存七萬。

(5) 關於銷燬變性彈藥者。

主席：已變性彈藥事如何？

蔡工程師其恕：關於變性彈藥事，昨日在廢品會議席上亦曾提及82迫砲藥內，尚有卜福斯藥是否變性尚待查明，明日署派員來廠檢視危險品，擬即與其商處理辦法。

(6) 關於裝置排鋸及使用情形者。

主席：排鋸已裝妥否？

姚聯長錦裕：已裝好，正在試用，惟鋸較大木料，如用九把鋸條，則木料有剩餘，損耗太大，如增至十二把鋸條則木料可無損耗，但馬力又不夠矣。

朱聯長寶鈺：鋸條可不增加，為避免鋸大料時損失木料計，可以三分五分兩種尺寸板同時排鋸。

錢聯長啟時：試驗排鋸效能因素甚多，如木料之厚薄，鋸齒吃木之深淺，鋸條之利鈍皆有關係，昨日試驗鋸小料甚快，鋸大料則速度

28

較差。

姚所長錦松：容照朱所長意見使用後、結果如何、再行報告。

(7) 關於驗收迫擊外箱者。

主席：驗收國民廠代製之外箱事如何？

蔡工程師其恕：驗收外箱此次係檢驗課派人前往驗收者。

林課長清許：該廠所有人來洽、謂不需派人往驗、不審究竟如何？

主席：檢驗課應隨時與購置科取得聯絡、而購置科應與包商確切交涉。

(8) 關於電力公司供電者。

錢所長啟時：電力公司於本廠停電休息之日、仍可供一部份電給我電燈及打水之用、明日（卅日）亦有電可供本廠各部之用。

(9) 關於計算工人特別加工者。

沈所長培孫：此次變更工作時間、工人加工改以五小時為一工後、凡工人（月內加工在廿小時以上者、不無吃虧、應否變更計算、或予設法彌補。

蔡工程師其恕：工人特別加工、為避免變更計算麻煩計、嗣後特別加工、每加二小時、可於報工時多報半小時、藉資彌補。

(10) 關於署頒飭造令者。

蔡工程師其恕：五月份飭造令赴署接洽經過情形如何？

葉課長聯浩：五月份飭造令、署方原擬飭造六公分砲125門、彈50000發、37彈5050發、擦槍器具2000套、砲另件10套、經本人陳明缺料情形後、已將六〇彈改為40000發、署方並擬補發四月份飭造令、飭造六公分砲125門、37彈5000發、擲槍器2000套、砲另件10套、第經交涉、現已允不補發。

(11)關於署方規定驗收六〇迫砲及彈應同時辦理者。

鄒所長昆：現據陳葭元謂署方規定驗收六〇砲及彈應同時驗收、以資節省彈藥。

主席：砲與彈之造繳情形不同、彈係逐月繳驗、砲係三個月一繳、同時驗收、困难甚多、可先與陳檢驗員一談。

(12)關於清除六〇迫彈彈膛內鉄屑者。

何所長成德：迫彈彈壳內剔除鉄屑、經試用鉄絲刷及刮刀均不甚妥、嗣經改用鏟子、鏟後再用刷子刷去灰屑、較為便捷。

主席：除彈壳內鉄屑事、請孟工程師會同第三所解决。

主席：茲有數事指示如次：

(一)三所機器如有損壞、應切實注意修理、以維機器壽命、請工程師室派人負責查驗。

(二)生產司美籍專家傑克布斯、應仍請其繼續來廠解决本廠製造上許多問題。

散會

三

兵工署第十工厂第一百零六次工务会议记录（一九四五年六月五日）

密件（請於卅四年八月五日以前交還工務處）

第四號

30

兵工署第十工廠第一百零六次工務會議紀錄

時間　卅四年六月五日上午八時

地點　本廠會議室

出席者　莊權　蔡其恕　陳心元　陳嘉棠　林清許　王秩信

孟繼炎　姚錦松　金予澄　朱寶鈺　張庭桂　呂則仁

陳志靜　金樾聲　葉貽浩　張世權　李繼遜　鄒昱

陳志暄　潘鴻　錢啟時

紀錄　金之傑

主席　莊權

宣讀第一〇五次會議紀錄

討論事項

(1)關於製造超迫砲及彈者。

主席：吳其偉將軍來廠參觀試射超迫彈後、即囑本廠即造砲卅六門彈一萬發、以為反攻之用。今日即以製造超迫砲及彈為討論主題、並以月造彈一萬發為討論根據、各種可以外包之件、並以儘量交商承包為原則。

孟工程師繼炎：製造超迫砲卅六門、無甚問題、至砲彈之彈尾管、依目前工作情形論之、最速須二小時一個、勢必不能趕到每月一萬之數也。

主席：彈尾管事、應與一廠接洽、請其代車、即由本廠助其翻製迫彈彈殼為交換條件。彈頭帽如以手敲困难甚多、沖具問題、應即解決。

一

32

王股長秩信：彈尾管毛胚尺寸如能較現在所用者縮小，車工時間亦可較省。
主席：各種機械設備，應趕速完成外，包自做雙管齊下，以求達爭取時間之目的。最近一廠送來之彈尾管毛胚共有若干？
蔡工程師其恕：最近又可交來一百九十餘個，一廠因自用之料尚領不到，故恐難再請其先行墊料也。
主席：製造彈翼編斗之工具，應即準備；二股即將超迫彈與迫彈之製造工時比率算出；一面設法利用鋼管試做彈壳。
蔡工程師其恕：鋼管收口工作，亦可與一廠試洽。
主席：由孟工程師負責與有關各股洽商加速製造辦法；由作業課再行估計超迫彈單價，希望七月底能先完成五千發，再即由王股長與邊建會陸先生洽商一次，以視有無可以協助本廠之處。引信方面有問題否？
呂股長則仁：只要有料，製造方面並無問題。
主席：裝配方面有問題否？
鄒股長昱：只要加人手，可無問題。
主席：裝藥及藥量等有問題否？
鄒股長昱：何股長今日請假，惟據談似可有解決方法。
金科長擬聲：半分鉄皮以後恐領不到。
主席：超迫砲仍須繼續做，本年內暫以砲七十二門、彈三萬六千發為準。三股工時有餘，應修理機器，本廠希望能實行件工制，料與工具應由廠負責供應不能中斷、此項整個計劃、由蔡工程師主持、各所對件工製如有意見、可提交工務處洽商並與美專家傑克布斯一談。

(2) 關於各單位工作者。

主席：工人七月份調整時、應根據事實、切實辦理。

蔡工程師其恕：各所對獎金分數、如獎五百分者應較鄭重、以照目前情形論之、如獎五百分者、其所得已超過其一個月之現金待遇總數。至各所工人總數少的月份、獎金即攤得較多；工人總數多的月份、獎金即攤得較少、各所應注意斟酌、勿令某一工人有本月所得獎金較上月為少之事實發生、實為至要。

孟工程師繼炎：可即將銅料送渝鑫試軋、並將軋好鋼料運回試車。

金科長機聲：可隨時派車前往。

主席：各單位如有請購而未購到之料、應由作業課於下星期列表報告。

金科長機聲：關於驗收木料、時間拖延太久、木商至以為苦、可否請從速辦理。

主席：由蔡工程師調度、儘速驗收。再電話近又有不靈情形、水電所應注意司機工人及機件有無問題、即予糾正。

錢所長啟時：司機工人現仍多輪值、惟接頭以日久磨損、正修理中、再沿線路樹木、砍伐時每碍及線路、亦在整理中。

主席：外籍應以自製為原則。技術方面、由工務處派員協助九所辦理、應先決

134

定工時。再九所排鍋情形如何？

姚所長錦松：排鍋已照朱所長所提意見試過，惟三小時以後，蒲司每冒出青煙，一經修理，又須二三天後始可應用。至漆造之房子已在開土方，闈八十天後可望完工。

主席：由八所派一鉗工短期內在九所工作。再楊工程師書仇，現在担任何種工作？

陳總工程師心元：正繪製油布機圖樣。

主席：迫砲與彈同時驗收一節，已與陳葭元洽過否？

鄒所長昱：尚未碰到陳君。

葉課長聪浩：已與陳葭元談過，與砲同時請驗之彈，即遵署方規定辦理，如無迫砲請驗時，仍分別射擊。

主席：清除迫彈內膛鐵屑事，已辦妥否？

孟工程師繼炎：已至三所告知工人，並規定在揀驗毛胚時一並檢驗。

陳總工程師心元：三所修理機器之鉗工太少，如大批修理，恐無法辦理。

陳所長喜棠：如以每月一萬發為目標，烘房實急不容緩。

主席：統由工務處調度洽辦。又最近工人進退情形如何？

潘課長鴻：最近工人進16人，退13人，進者以小工為多。

散會

三八

35

密件（請於卅四年八月十二日以前交還工務處）

第四號

兵工署第十工廠第一百零七次工務會議紀錄

時間　卅四年六月十二日上午八時

地點　本廠會議室

出席者　莊權　蔡其恕　陳心元　陳喜棠　林清許　王秩信
孟繼炎　何戊德　姚錦松　金子澄　錢啟時　張世權
朱寶鈺　張庭桂　呂則仁　陳志靜　葉聪浩　李繼遜
鄒昱　沈培孫　朱建中代　陳吉聰　潘鵬

主席　莊權　　紀錄　金之傑

宣讀第一〇六次會議紀錄

討論事項

(1)關於製造超迫砲及彈者。

主席：最近三所製造超迫彈之情形如何？

陳所長喜棠：現用二班人翻製，每天可完成八十個；現泥心盒已送來，以後可較速，並可視事實需要隨時增加。

孟工程師繼炎：製造超迫彈究竟用鋼管抑用翻砂，即須決定。此外彈尾管、彈尾翼之料，如再繼續墊用，勢須影響六公分產量。彈頭帽現等撲子，藥室體並擬改成冲製之式。

主席：現先擬製三千發，射擊表即須動手。

孟工程師繼炎：關於試射射擊表用之砲已檢出二門，正在檢查中，只要裝好底鈑即可試射。

林課長清許：試水壓機適才請製，現尚不能試水壓，樣板亦尚未全備。
主席：渝鑫鋼鉄廠談及軋銅料事，謂正代廿一廠在試回火炉尚有問題，軋鋼方面可以協助。關於材料方面，可照蔡工程師所拟辦法進行。鋼料可與中國興業公司一洽。
孟工程師繼炎：鋼管彈本星期內可試製。
何所長戊德：裝藥方面現等彈壳、新雷管已準備好。
蔡工程師其恕：半分料可再向廿四廠試行接洽。
主席：在射擊表精度合格範圍以內，能增加射程，俾採用部隊可更為安全，底板當無問題，查製造方面之各項技術問題應待解決者甚多，由工務處召集有關人員儘本星期內解決。又六月份上半月即將過去，本年上半年度之出品情形如何？
蔡工程師其恕：以現狀論之，發普通獎金可無問題，發特獎尚有問題。產量方面，對額造數量，除擦槍器以等皮袋尚未交齊外，其餘均已交清；惟對廠方規定數額，則尚有相差。
孟工程師繼炎：迫砲尚差一百五十門。
(2)關於彈帶防銹試驗者。
張所長世權：此次賡續試驗塗磷酸硫化鉄及塗丹寧鉄兩法之防銹能力，試驗方法儘量與實際情形相同，即每日上下午各噴水一次，使彈帶部交迭乾濕，加速生銹，縮短試驗時間，

38

二

用此種噴水試驗方法兩種防銹方法均在三四日後開始有銹點如外層再塗以桐油則噴水十五日尚未生銹仍在繼續試驗中；

本廠現用凡士林及牛皮紙之辦法亦曾做比較試驗共三項：

一、去牛皮紙——彈帶溝内噴水一次即銹；

二、不去紙直置——至今已一個星期尚未生銹；

三、不去紙横置——至今已一個星期尚未生銹。

尺寸方面塗磷酸硫化鉄者約超出公差0.05公厘至0.10公厘塗丹寧酸者超出稍少。

主席：關於實際工作程序方面，應與鄒股長洽商後再定。

(3)關於購置驗收等事者。

主席：關於購置方面，應先由作業課對每項材料規定最低存量，交材料庫參照以憑通知請購，作業課與購置科之聯繫，應再增強。

陳庫長志暄：關於驗收木料事，木板僅長度驗收妥當即合，木商來廠後即辦。

主席：再電話情形如何？

錢股長啟時：一、幾風樹木與綫路即有糾纏，修理約二日可竣事。至磁頭漏電亦有關係，百門電話機到廠後即可換用，當較佳也。

主席：九股工作情形如何？工務處已派員前去協助否？

姚所長錦崧：現內箱可趕得上，外箱則已無存貨，現正製造傢具一批。

朱所長寶鈞：排鋸橫樑斷處已焊牢，且已加小銷子，當較牢固。

蘇工程師其恕：工務處尚未派員前往。

主席：工程師室現做何種工作。

陳總工程師心元：現正繪製（一）油布機、（二）自動木車床、（三）刀架（四）大六角車床括螺絲工具、（五）鋸床、（六）迫砲長彈短彈等圖樣。

散會

兵工署第十工厂第一百零八次工务会议记录（一九四五年六月二十日）

40

密件（請於卅四年八月二十日以前交還工務處）

第四號

兵工署第十工廠第一百零八次工務會議紀錄

一

時間　卅四年六月三十日上午八時

地點　本廠會議室

出席者　莊　權　蔡其恕代　陳喜崇　林清許　王秩信　何戊德

孟繼炎　姚錦松　錢啟時　朱寶鈺　張庭桂　呂則仁

陳志靜　葉聰浩　張世權　李繼遜　鄒昱　陳志暄

沈培祿　朱建中代　潘鴻　陳心元　金懋聲

紀錄　金之傑

主席　莊　權　蔡其恕代

宣讀第一〇七次會議紀錄

討論事項

(1) 關於工資及獎金者。

蔡工程師其恕：廠長因略有不適，工務會議囑由本人代表主持。茲先報告關於七月份起工資及獎金之調整原則如後：

(一) 工務處與非工務處工人之總工資，一律增加30%；

(二) 各部對於工人晉級，最多不得超過二級，以平均每人晉一級為限，如有一人晉二級者，應有一人不晉級；

(三) 七月份起，每月將仍以41工計算，與會計處商洽後公佈之；

(四) 工務處工人之獎金，增50%。

(2) 關於各部應行注意者。

蔡工程師其恕：茲有二事，希各部注意照辦。

42

(一)為署中編造大事記一事，各所每月如有制度变動、技術改良、或有新出品者、應填報工務處、以便彙編，如無上述情形者，亦應箋知工務處、以免等候。；

(二)為清理廢品事，廢品表應一律填送，如無廢品者、亦應箋知工務處。

(3)關於各種材料者。

蔡工程師其恕：作業課擬定之七八九三個月應備之材料項下列有軋鋼五百八十餘噸、生鐵三百噸二項；此数已極可觀、應各列一最低数量，以便接洽時有所伸縮。

葉課長貽浩：此係單列数量、當面接洽時、可見事行事、當會同購置科辦理。

呂所長則仁：五分銅料已用完，現已停工待料。六分半料、則已停工三星期。

金科長機聲：最近有銅料卅餘噸到渝、已派員往洽，或可分得若干。

孟工程師繼炎：一廠之料、拉拉即斷、已開始由八所用好料自打應急。

朱所長寶鈺：已開始打了二三天、每天約可打二三十公觔。

王所長秩信：資渝代軋之料兩頭如能切去、可省工不少、交貨時、似可准其將料頭同時交回、當無甚問題也。

鄒所長昊：馬口鐵皮已用完、最近係用汽油听代用者。

金科長機聲：最近可到廿餘噸、約可分到五噸。又超迫砲三寸料、資渝廠可用六寸錠子代軋、已洽過。

陳庫長志暄：機器油二廠領回者太厚、向署領回者亦太厚。

蔡工程師其恕：3/32鋼皮可與24廠一洽。

(4)關於製造趕迫砲及彈者。

蔡工程師其恕：廠長之意趕迫彈及砲、擬于料及款到廠後、分三期交貨：

第一期	料及款到廠後四個月	砲二十門	彈六千發
第二期	第一期後二個月	砲廿四門	彈七千二百發
第三期	第二期後一個半月	砲廿八門	彈八千四百發

共砲七十二門、彈二萬一千六百發、

除款項暫不提及外、材料方面、以三寸方鋼錠及鉄皮最為重要、署方能領到若干否？

金科長樾聲：六寸方鋼錠可有一百噸、希望可軋成三寸方鋼。

蔡工程師其恕：即再與三廠洽、俟有把握、簽訂合約後、再與一廠接洽。又藥室體如何？

呂所長則仁：已做好、尚未試。

蔡工程師其恕：廠長之意、鋼管所製之彈、能加重至八公觔最好、可俟壓好彈頭後即試。又射表如何？

孟工程師繼炎：俟砲之平行方面校正及彈配就後即試、瞄準器等均已準備完畢。

(5) 關於製造六公分迫砲及彈者。

蔡工程師其恕：製造迫彈之硬模，如係向二邊開者，不如向上下開者較佳，本廠可試上下開者，惟須注意開箱動作須迅速。

林課長清許：最近檢驗發現迫砲之底板較前為次，間有裂紋，試射後前面有彎曲之形。

孟工程師繼炎：此係鉄皮料太薄所致，故較弱。目前無適當材料，下批當改善。

蔡工程師其恕：三所一二兩部及二所，嗣後應依照下列標準製造：

(一) 一部應儘量與超迫彈配合工作，務使利用其全部能力，迫彈彈殼有餘時，可暫存二村防空洞內；

(二) 二部產量應以每日送出二千五百為限，至於車製若干，可視該部有無囤積地位而定；

(三) 二所俟現有半成品車完後，應以每日送出二千合格品為限。

(6) 關於重慶電力情形者。

錢所長啟時：茲將至生產局開會情形，擇要報告如後：

(一) 中央造紙廠以所用之煤不佳，灰分太多，故燒不到壓力，請求准用天府煤、並增加数量。

（二）山洞一帶、以 委座時須開會、上清寺至化龍橋一帶、以報館甚多、故江北貓兒石一帶、停電次數因之較多。

（三）大渡口通至鵝公岩之電接通後、電力公司可餘五百KW、本廠即提出需要二百KVA。聞電綫七月份可放好。

幕工程師其恕：方棚已訂好、房子可即建築。

（丁）關於通知各所注意者。

慕工程師其恕：茲有數事、提請有關各所注意。

（一）迫砲、每月二十門、交迫砲所辦、皮件亦應預做；

（二）美軍需要之練習彈、六月底之二千、應如期交貨、請盖工程師督促有關各所趕製。

（三）六月底盤存工作應切實辦理、須預先準備。

散會

兵工署第十工厂第一百零九次工务会议记录（一九四五年六月二十六日）

寄件（請於卅四年八月二十六日以前交還工務處）

第四號

46

兵工署第十工廠第一百零九次工務會議紀錄

時間　卅四年六月二十六日上午八時

地點　本廠會議室

出席者　莊權　蔡其恕　陳心元　陳嘉棠　林清許　王秩信
孟繼炎　姚錦淞　錢啟時　朱賡鈺　張庭桂　呂則仁
陳志靜　金繼聲　蔡聯階　張世權　李繼遜　陳志瑄
沈培孫　朱建中代　潘鴻　何戊德　金子燈

主席莊權　紀錄金之傑

宣讀第一〇八次會議紀錄

討論事項

(1)關於各單位工作者。

主席：本年上半年度之各項出品如何？

蔡工程師其恕：對兵工署而言，僅擲榴器具以等皮袋之故，有一萬二千套尚未交出；擲榴器本身亦已全部製成，惟如按本廠規定數量，則迫砲僅能交出七百五十門，尚缺五十門；迫彈則以缺料之故，尚缺四萬發。

金科長繼聲：昆明尚有鋼料卅五噸，可由雲南經委會商運處洽運。

蔡工程師其恕：其中21%者，以用處較少，可暫緩運，其他各種，盼儘速運來。

金科長繼聲：馬口鐵皮，今天可運廠四噸，約可敷一個半月之用。

主席：空運噸位如何？

金科長繼聲：据稱每月可有1500噸直飛瀘洲，一切設備，均已準備好。

48

主席：四所既已缺料停工，現在做何工作。

呂所長則仁：現正提前做火帽圓筒體。

蔡工程師其恕：現25廠之8公銅皮已到二噸，可以試拉。

主席：出讓電綫事如何？

金料長機聲：來商談之商家，以價格關係，並未成交。

主席：機器油可再向二廠洽領薄油。

再超迫彈翻製者與用鋼管車者，其重量最好能使一律，俾可用同一射表，先試不車外皮之鋼管彈，再試加厚之翻砂彈，俾兩者可漸漸接近。

陳所長嘉棠：試水壓的設備已在翻製中。

孟工程師繼文：本星期試鋼管收口工作，十五噸之油壓機壓力不夠，擬改以七十噸之水壓機再試。生鉄翻製之彈，間有裂紋，恐無把握。

主席：三所試驗硬模事已進行否？

張工程師廣桂：向二廠借用之硬模在翻製中。

主席：此事已進行二個多月，應即認真辦理，俾早日可有結果。又木工所計算工時及最近工作情形如何？

姚所長錦松：工時方面，俟飽工時間方數與隻數核試後，可以解決，惟排鋸仍有問題。

主席：關於技術方面之各項問題，應由工務處或工程師室派員協助姚所長

二

解決、對工時尤須注意檢討。又二所半成品約何時可以車完？
王所長秩信：：六月底可以車完。
主席：：三所修理機器、情形如何？
陳所長善棠：：現已添鉗工二人，每天空出機器二部，以便修理及配另件。以齒輪較為困难。
主席：：本廠所訂之方棚何時可以交貨？
錢所長啟時：：方棚係華美廠承造，須十六個星期，方可完工。
主席：：本廠三個月後，希望能逐步試用件工制度，現進行至何程度？
蔡工程師其恕：：現擬採用美專家所擬之工時登記表格，請各所從詳登記，大約砲彈方面已無甚困难；而迫砲方面，尚未全部解决。該項表格，即由工務處分送各所，請各所儘於兩星期内填交，至迫砲零件方面，亦希陸續填送本處。又七月份起，第九所應支配六公分外箱工作，暫自每月二千只着手。
主席：：本廠自來水所用之殺菌劑，含氯已有減少，應酌予增加，俾重衛生。
張所長世權：：現在所用之漂白粉量，已按照應含氯量之數量使用矣。
(2) 關於廠長訓示者。
主席：：茲有數事，指示如後：

50

(一)各股副料，應由各股長從嚴考核，以免走漏。

(二)工人下班時麕集門口之習慣，已否改善？應由各股長負責切實辦到。

(三)各股對於安全方面，應時時注意；五七兩股，係火工作業，尤應特別謹慎。

(四)工程師室，應利用暑假，雇用短期繪圖員工，以便將可以交與繪製之圖樣，在暑期內完工。

散會

密件（請於卅四年九月二日以前交還工務處）

第四號

51

兵工署第十工廠第一百一十次工務會議紀錄

52

一

時間 卅四年七月三日上午八時

地點 本廠會議室

出席者 莊權 蔡其恕 陳心元 陳嘉棠 林清許 何戊德
孟繼炎 姚錦松 錢啟時 朱寶鈺 張璇桂 呂則仁
陳志靜 金樾聲 葉貽浩 張世權 李繼遜 鄒昱
沈培蓀 陳志瑄 潘鴻

主席莊權 紀錄金之傑

宣讀第一〇九次會議紀錄

討論事項

(一)關於各單位工作者。

主席：下半年度主要出品數量，規定如次：(一)六公分迫擊砲月造一百五十門，(二)六公分迫砲彈，七、八、九三個月，每月呈署四萬，製造則以五萬為標準，十、十一、十二三個月，每月呈署五萬，製造以六萬為標準。各項材料之空運消息如何，亦有所聞否？

金科長樾聲：聞每月可有七百至八百噸直飛瀘州，其第一批之二百噸已運到瀘州，至五分銅料已運到八噸。

主席：徐爾康事已解決否？

孟工程師繼炎：徐爾康方面，目前只能接收自辦等，徐爾康來廠後當即與之商談，2½分料，一廠來者拉之即斷，現正在試拉二十五廠運來之鋼板。

主席：趕迫彈方面如何？

孟工程師繼炎：模子有改動，約二天可竣工；心子亦即可完工，約本星期內可準備就緒。至翻砂用之模子，已改過，在車製中，或可提前完成。彈尾管已由八股特別打做二十個，可即試。風帽無甚問題。

蔡工程師其恕：趕迫砲彈尾管料，已有着落，約在本月十號左右，當至一廠，與其接洽定妥。

金科長燧聲：六寸鋼錠今日可全數（前後共一百噸）送至資渝廠。

主席：迫砲製造情形如何？

孟工程師繼炎：六月以前，專力注意趕造，以求可以趕足額造數量；七月份起，將就質的方面，予以改善。

主席：現砲管打眼工作如何？

沈股長培孫：砲管打眼工作，第一道係依照傑克布斯股建議者試做，成績較以前股做者為佳；第二道鉸後不光，正試改刀具。如完全改好，時間方面，可減少一半。

主席：翻造迫彈用之硬模，已試過否？

張工程師庭桂：現試翻之硬模，係向二邊開之一種。每日只做廿餘個，塗抹菜油必須均勻，頗感不便，且時有塗料脫落者，必須隨時補修，費工甚多。如改為上下開者，塗抹時恐更為困難。將來試驗成功，人工方

二

面，並不能省，或可減少空閒耳。

主席：九聯方面已派員去協助否？

蔡工程師其恕：現尚未派，測量工時工作，現由柴里耕辦理，現擬派程象頤去。至九聯工作方面，現應儘量修理不合格之外箱，並即開始自製外箱，以照現況論之，外箱或有脫節之可能也。

林課長靖許：最近檢驗之一批木外箱一千七百隻中，僅一百五十隻合格，確有脫節之可能也。

主席：三聯翻砂情形如何？

陳聯長喜崇：三聯翻砂工作現分十六班工作，每日可製毛胚三千六百餘。

主席：括去彈膛內砂子事已辦理否？

陳聯長喜崇：現已有工人十二人從事括砂工作。

孟工程師繼炎：括砂後是否合用，已列為檢驗工作之一部份，每彈均須檢驗，且已實行多日。

主席：二聯二部之工作情形如何？

李技術員繼遜：二聯二部現每天出二千左右，每天交二千餘發。

主席：最近工人流動情形如何？

潘課長鴻：最近以各月獎金均陸續發出，故流動情形較往日為少。

主席：三聯修理機器事在進行否？

陳聯長喜崇：仍在陸續進行中。

張俊壽

主席：最近本廠之用水情形如何。

錢所長啟時：平時每日約七百餘噸，停電期內，經控制後，每日約三百餘噸。

主席：醫院方面曾將飲水含菌情形於檢驗後報告十所否？

錢所長啟時：否。通常醫院須驗出有菌後始行報告。

張所長世權：研究所方面，對於含氯量方面已送經化驗，並通知十所矣。

(2)關於廠長訓示者。

主席：茲有數事，指示如次：

(一)出讓電綫事，可再與生產局逕洽；

(二)兵工署有派員赴洛谷參觀美軍防空準備之舉，本廠亦擬派人隨往，即由呂所長與技術司第三科一洽；

(三)超迫砲底板，應續向軍械司撥，並請製造司飭廿一廠代造；

(四)超迫彈之破壞力，應注意試驗下列工事：

甲、炸五十生的厚的鋼筋洋灰拱形工事；

乙、炸整塊鋼柱，看能炸入若干？

(五)件工制為可以解決工資問題之一種制度，應各努力以赴；

(六)超迫彈可先造加厚翻砂生鐵彈壳。

散會

兵工署第十工厂第一百一十次工务会议记录（一九四五年七月十日）

密件（請於卅四年九月十日以前交還工務處）

第四號

56

兵工署第十工廠第一百一十次工務會議紀錄

時間　卅四年七月十日上午八時
地點　本廠會議室
出席者　莊權　蔡其恕　陳心元　陳喜棠　林清許　何戊德
孟繼炎　姚錦裕　金子澄　錢啟時　朱寶鈺　張庭桂
呂則仁　陳志靜　葉貽浩　李繼遜　鄒昱　沈培孫
陳志暄　張世權　潘鴻
紀錄　金之傑
主席　莊權
宣讀第一百一十次會議紀錄
討論事項
(1)關於各單位工作者。
主席：若照上次工務會議所定下半年度主要出品數量進行工作，各項材料有問題否？
蔡工程師其恕：各種小尺寸銅料，均成問題。
孟工程師繼炎：徐爾康方面之各項設備，本日即可接收，擬先拉五分銅條，待配好滚子後即改拉二分半者。至徐爾康結束時之各項詳細辦法，已與購置科金科長談過，即可與徐爾康交涉。
鄒所長昱：火帽座各種尺寸，現有三種係經檢驗課檢驗者，茲查得尚有三種尺寸，亦須經檢驗課驗一道，始較正確合用，擬請准予加驗。
何所長戊德：火帽壳在未裝藥前已嚴格檢驗壓模，亦有一定尺寸，故

58

裝藥之長短尺寸，不致有何變化。

陳總工程師心元：檢驗規格中之各項應添樣板，正在陸續添置中；各廠如另有需要各種樣板者，請將各種條件，詳細寫明，交工程師室，以便審核設計。

林課長清許：檢驗課只要有樣板者，均可一一照驗。

主席：製造與檢驗，均以經驗而隨時改良進步，應密切聯繫。又工程師室利用暑假繪製各項未完藍圖已進行否？

蔡工程師其恕：現擬俟已經接洽之各實習人員到廠後，儘先派至工程師室繪製藍圖。

主席：木外箱已派員去驗收過否？

林課長清許：此次驗收情形，較上次略佳，一千隻中，有二百廿九隻合格，各種疵病，亦經告知工人矣。

蔡工程師其恕：九廠自製木外箱事已着手否？

姚廠長錦松：今日已開始落料。

蔡工程師其恕：木工廠工人一部份工時已測量完畢，可酌改件工制。

主席：二廠試驗之硬模，最近情形如何？

陳廠長喜棠：該項硬模在澆製一百九十餘只後，合縫邊上即開始破裂，將來如果採用，化在製造模子上之時間，亦必甚可觀。

主席：可先用石棉做成模子，澆鐵水試試，看結果如何？

陳廠長喜棠：近來翻砂用之焦炭不佳，以致廢品有增加情形，現毛胚廢品率已超出10%。全部廢品率為34%。

主席：驗收與運輸，應配起來，力令脫節；運輸隊可加工人，又運輸隊之每工運輸能力如何？

潘課長鴻：運輸隊方面極想增加工人，惟時至夏日，工人視運輸隊為畏途，以致迄未增加人數。至運輸工運送能力，如以江邊至煤棧之距離為準，平均在冬日為一噸四至一噸六，夏日為一噸二至一噸四。

蔡工程師其恕：關於件工制應用之各種表格，請各廠即行送來，以便洽商後依次實行。

孟工程師繼炎：二廠方面，以用料質地不同，以前廠量時間，已不準確，須俟王廠長病癒後，重行量過，再行酌定。

主席：趙迫彈之翻砂用模子，已做好否？

孟工程師繼炎：模子已做，本星期可有結果。

(2)關於廠長訓示者。

主席：茲有數事，指示如次：

(一)出讓電綫事，可先與生產局張傳奇先生洽；

(二)試驗趙迫彈破壞力之鉄筋洋灰拱形工事，由何廠長開請製單交土木科辦；

(三)關於各廠各種工人，如小工升學工，學工升技工者，以缺乏標準，辦理未能合理，各所應將各種工作之學工及技工之最低應行具備之各項標準，列單送交工務處審核彙辦；

(四)職員待遇，本人極為關心，惟法令約束甚多，一時不易有合理解決，然正在努力辦理中；

(五)下半年度製造計劃，如以材料關係，以致或有延擱，或追補等，應如何調度，由作業課擬具辦法呈核。

散會

兵工署第十工厂第一百一十二次工务会议记录（一九四五年七月十八日）

簽件（請於卅四年九月十八日以前交還工務處）

第四號

61

兵工署第十工廠第一百十二次工務會議紀錄

62

時間 卅四年七月十八日上午八時

地點 本廠會議室

出席者 莊 權 蔡其恕 陳忠元 陳嘉棠 林清許

孟繼炎 王秩信 何戊德 姚錦松 金子澄

錢啟時 朱寶鈺 張庭桂 呂則仁 陳志靜

金繼聲 葉聰浩 張世權 李繼遜 鄒昱

沈培蓀 陳志瑄 潘 鴻

紀錄 金之傑

主席 莊 權

宣讀第一百一十一次會議紀錄

討論事項

(1)關於各單位工作者。

主席：依照所定下半年度主要出品數量所缺材料，作業課已調查清楚，並與購置科取得聯繫否？

葉課長聰浩：作業課已列有詳表，隨時通知購置科，該項詳表正謄正中，下星期可呈閱。

金科長樾聲：著方鋼料似無甚問題。資渝代軋之一百噸鋼料中，已領回一寸者廿一噸。至二分半銅料，昆明存有二噸。

主席：關於材料準備方面，應注意二點：(一)應顧到出品分數；(二)國外材料，雖有墨廸協助，然戰時各項條件變動甚多，彼此均難有把握，本廠仍應從其他方面設法搜購，寧稍多、不能缺。作業課購買料應協同努力以赴。再擬送墨廸之各種材料一覽表已準備好否？如已準備好，可電王乃寬先生接洽。

蔡工程師具慈：送墨廸之表，星期四可造好。

主席：關於檢驗火帽座之樣板，已進行至何程度？

陳總工程師心元：關於設計繪圖方面，已差不多。

主席：現在實際工作時之情形如何？

鄒所長昱：現在工作時，已將儲有多數火帽之木匣拿開；並將零星使用之火帽、與正在工作中之火帽，以木板隔絕；且工作方法，擬不用鑽、改用壓，工具亦即將製就。

主席：各項危險品之處理情形如何？

64

二

陳庫長志暄：八二藥十三噸五百餘公斤，已由廿一廠領去；六公分藥之不能用者，已燬去；

黑藥已領去一噸，尚留三百餘公斤。

鄒所長旦三：黑藥可留作迫擊彈之用，勿全數出讓。

主席：各所對於推行件工資之情形如何？

蔡工程師其恕：二、四、九各所已將應填表格送來，一部份工作可於本星期五六兩日內，洽談後決定。

主席：實行件工制時，應注意工資之差別，勿令太大，訂立辦法時，並應注意鼓勵工人在工作方式上有所發明。我人應時時使工人有上進之機會，予以督促鼓勵，或訓練，俾本廠工人漸漸學得較高級之技術，最為緊要。

蔡工程師其恕：訓練工人一節，一向以定工時間、定工機器均不易有，故辦理似有困難。嗣後或可將有希望之工人，每週指定若干小時，予以訓練，俾訓練工人與趕製出品能平行不背，待草擬辦法後再行商討。

主席：迫擊彈之製造情形如何？

孟工程師繼炎：彈頭今日可車廿個，彈尾管已做好，即可開始試驗；翻砂問題已大致解決。

主席：第一批應製造六千個。

蔡工程師其恕：當於本星五下午再赴一廠接洽一次。

主席：關於各廠小工升學工、學工升技工之標準，各廠已送至工務處否？

蔡工程師其恕：現已收到四十兩廠送來之標準，除關於各廠特別適用者不提外，可歸納成二原則：

(一)能提出技術標準者，按事前提出之技術標準考核，及格者升級；

(二)不能提出技術標準者，暫仍以年資為升級標準。

至僅適合各廠分別應用之標準，擬俟各廠送齊後，再行分別洽辦外，先將本處擬定之原則報告如上，希各注意。

葉課長聪浩：昨日至兵工署接洽，有二點可提出報告：

一、七月份飭造令，兵工署以下半年度經費尚未領到，故七月中恐不能頒發到廠；

二、十六塊八二底板，廿一廠已允代造。

(2)關於超迫彈裝藥試驗者。

何廠長成德：依照上星期試驗結果，知超迫彈之炸力尚可予以增高，因以前原以

三

融化之TNT.混合特出見作傳爆藥、其感度如與雷管配合、尚嫌遲鈍。（前以小形炸藥體試驗、故未能試出）今改以壓成比重1.4之TNT.藥柱作為傳爆藥、亦能炸穿3/8"厚之鋼板至廿塊之多。現仍繼續試驗雷管、傳爆藥、與裝藥三者相互之關係、以求出可達到最高炸力之配合方式。以目前情形論之、有達到炸穿廿五塊鋼板之希望。（以前所試者、為炸穿15塊）。

(3) 關於廠長訓示者。

主席：茲有數事指示如次：

一、職員待遇本人素抱開明、只要合理、無不採用；惟不合理者、則殊未便率予照辦；獎金則以規定之標準為衡、未達標準、不予發放。各位與本人共事多年、誠信相孚、必能善體斯旨。聞少數同事、不明事實、信口亂講、各位應代為傳達斯旨。

二、各所及工程師室補充技術人員事、萬勿再行漠視、否則對各所長前途及各所業務、均有影響。

三、二孔半銅料做火帽座之工作、應由二所協助趕製。

散會

蔡工程師共恕

密件（請於卅四年九月廿五日以前交還工務處）

第四號

67

兵工署第十工廠第一百一十三次工務會議紀錄

68

時間　卅四年七月廿五日上午八時

地點　本廠會議室

出席者　莊　權　蔡其恕　陳心元　陳嘉棠　林清許　王秩信
孟繼炎　何戊德　姚錦松　金子燮　錢啟時　朱寶鈺
張庭桂　李繼遜　鄒　昱　沈培孫　呂則仁　陳志靜
金燧聲　葉貽浩　張世權　陳志暄　潘　鴻

主席　莊　權　　紀錄　金之傑

宣讀第一百八十二次會議紀錄

討論事項

(1)關於各單位工作者。

主席：七所本月份已裝迫彈若干？

鄒所長昱：本月份僅收到火帽座一萬二千個，惟以前尚有存餘，故至目前止已裝彈三萬發。

蔡工程師其恕：二分半料，今日起已可由第一所試拉，如結果良好，本月份所缺之一萬發，當可於八月中補足。

主席：迫砲之製交情形如何？

沈所長培孫：上半年度應交出之砲，尚有150門，以底板太薄，驗收尚有問題；現正設法加強，修好後當可交出。

孟工程師繼炎：查底板彎曲之原因，係砲位地面凹下之故，經修正地面，試射後
即不彎曲，惟厚度均不足2公分，正分別加強中。
沈所長培孫：七月份應交之砲，以缺少方向架及彈簧管裡的螺桿，故本月份只
能出50門，惟下月份可多出若干門。
主席：二所承製之砲件有耽擱否？
王所長秩信：二所承製砲件，僅缺承與螺桿，以等樣板，故有耽擱。
主席：傑克布斯提議之軋頭鉸刀等如何？
朱所長寶鈺：二所打頂針用的軋頭，如照傑氏提議更改後，可較省力，用慣後或可
較快，惟以現狀論之，似並不省工，砲筒鉸刀更改後，時較優時較劣，正繼續
試驗中。
主席：生鐵起迫彈可照做，八所應趕速車尾螢。再關於材料方面，作業課已
與購置料取得聯繫否？
葉課長貽浩：何時需要何料，均隨時通知購置科查照，尚無不接洽處。
金科長樾聲：購置方面，目前對於交庫方面，至感不便，本科希望凡有物
料繳庫，材料庫應隨時出給收據，使採購人員之責任分明，而免賠
累，最近揚維根賠累已在三萬元以上，如不予以改良，勢必無人肯任
採購之職也。
主席：物料到廠，應交由材料庫點數出據，如材料庫貯存有困難時，應報告工

二

務處設法解決。關於辦法及手續之改良調整、由蔡工程師負責主持。再一二四九各所之一部份、擬改件工制之工作已洽過否？

蔡工程師其恕：已分別洽過、下月起可逐步進行。

主席：小工升學工、學工升技工之各項標準已完全收到否？

蔡工程師其恕：已收齊、正在分別整理中、下星期當提出討論。

主席：工資標準、在工業中為最關緊要之問題、各位勿視為例行公事、應以研究態度出之、將來如有結果、必大有助於工業發展、不僅本廠一廠蒙其利也。又最近電力供應情形如何？

錢所長啟時：前經出席生產局開會、並與電力公司接洽、茲報告各項決定辦法與本廠有關者為：

(一)本廠擬增加之200KVA、已加在大渡口放電至一廠後、電廠所餘額500KVA之內、放綫工作約在八月廿日可以完工；

(二)輪流停電之日內、對於化龍橋方面拉開電綫事、將由電力公司正式委託本廠辦理、如此可使本廠不受輪流停電影響；

(三)另放專綫事、以材料困難、一時未能即辦。

(2)關於超迫彈試射者。

鄒所長昱：最近試射新造加重超迫彈、計尾管重3.56公斤、彈殼3.14公斤、裝藥重1.6公斤、全重8.3公斤。第一次試射、係以45°射角、裝發射藥增至17

公分，可達射程約600公尺。共射擊七發，撿回砲彈中，以裝17公分發射藥射擊者，尾管有漲大至五十絲者。第二次試射，仍以17公分發射藥射擊，射程仍為600公尺，旋增發射藥0.5公分（即裝17.5公分射擊），而尾管都未漲大，而裝發射藥17公分者，則有漲大至一米厘者。漲大程度不同，似與材料頗關係。經此兩次射擊，可知全彈重8.3公斤之超迫彈，如以發射藥17公分射擊，射程可達600公尺。如須增加射程，則尾管勢須加厚。又在此兩次試射中，彈之飛行，約較以穩定。

(3)關於超迫彈之裝藥試驗者。

何耶長戍德：：炸穿鋼板之結果，以最近又達到22塊之紀錄。至裝填融化TNT，擬改為流出方式，俾可將最可能發生空氣孔之頂層藥，自假引信流出時去除之。此式假引信已由第八聯製造中，容製成後再行繼續試驗。

(4)關於廠長訓示者。

主席：：茲有數事，指示如次：：

(一)三月份飭造之令，署方仍令本廠補造，本廠以材料等均未領到，補造殊不可能，應即復以不能照繳；

(二)山洞潮濕，鐵條、鐵板頗易生銹，應由工務處清查處理。

散會

兵工署第十工厂第一百一十四次工务会议记录（一九四五年七月三十一日）

72

密件（請於卅四年十月一日前交還工務處）

第四號

兵工署第十工廠第一百一十四次工務會議紀錄

一

時間　卅四年七月卅一日上午八時

地點　本廠忠恕堂

出席者　莊權　蔡其恕　潘鴻　孟繼炎　陳志暄　沈培孫

陳心元　鄒昱　陳喜棠　呂則仁　林清許　李繼遜

張世權　葉貽浩　陳志靜　姚錦松　金子澄　朱寶鈺

王秩信　何戊德

主席莊權　紀錄金之傑

宣讀第一百一十三次會議紀錄

討論事項

主席：(1)關於各單位工作者。

材料準備應顧及出品一點，前次工務會議時已經提出，以員工獎金、均須以(一)增產(二)節省成本為衡量之準也。職員獎金雖經擬定，仍須與工務處洽談後再行決定，其原則即以上述二項為主者也。現各種材料中，以何種材料最為急需？

蔡工程師其恕：仍以二分半銅條等為最急，一號已試拉過一根。

葉課長貽浩：做雷管用的銅料，每月需二噸，應與廿五廠接洽妥貼，請其代軋；六公分發射藥本廠現存之量用至十二月，即有不敷之虞，一廠擬洽借若干，擬俟續有領到時再行酌辦。

金課長子澄：拉好後尚須光一道，光一道的模子今天可好，光好後即送四號試

174

做；如須在所熱打，房屋已無地位。

孟工程師繼炎：手打太慢，易於冷卻，擬先將徐爾康拉的部份遷入一所，打的暫仍在外，房屋可暫緩添設。

主席：物料到廠後手續調度等事，已擬就辦法否？

蔡工程師其恕：物料交庫以往發生問題不外下列三因：

一、實物直接由請購單位驗收領去，而驗收單與領單不同時交庫者，則材料庫自不能出據；

二、應入庫之料，不能入庫（如木材鋼錠等大量材料）且一時不能點驗完畢者；

三、到廠時間在六時五十分左右者自來未便接收。

主席：第三點應設法解決，目前交通運輸均無把握，購料人員不能預料返廠鐘點，到廠以後務須由運輸隊負責運至指定之堆貨棧內，該堆貨棧即交購置料保管。

蔡工程師其恕：可在新建之材料庫中，俟辦公室遷出後，即可隔出一間。

主席：關於小工升學工、學工升技工之各項標準，已整理就緒否？

蔡工程師其恕：經詳加分析，並歸納成下列各點：

一、關於年資者：小工升學工，大致為半年，學工升技工，則二三年不等；

二、關於標準者：大別區為具體者與不具體者二類；

三、關於考試者：要不要，亦不一律；

四、關於工別者：擬就實際情形、區為若干類、再行按類擬訂具體標準。

主席：本人對於工人升級、着重發展固有才能、任其升至可以達到之程度、不能以年資為準、年資久而才能平庸者、不能僅以年資關係而升級。工作標準、因工別關係、其難易差別甚大、應以需要訓練時間多者為較難工作、少者為較易工作、並假定以担任最易工作之指數為1、然後將各種工作之相關係數、逐漸遞增為1.2 1.5……3、4……。至福利待遇、則可以能達目前最低學工所適合之指數為準。（如目前最低學工之工作相關係數為3、則3以下之工人即不給福利）至決定工資、則須參照生活程度、市場條件等因數、根據工作指數、另行酌定。

呂所長則仁：決定指數、恐只能大體適合、如須十分精密、一時恐無法辦到。

蔡工程師其恕：事實上、如將現在各工工資級數、減去以前以年資關係而增加之工資級數、即可與工作指數之意義相近。

主席：此事關係甚大、本日亦不能即有定論、盼各位好好研究、從詳推敲、當有解決之望也。

葉課長聆浩：茲將赴署接洽各點、報告如次：

一、七月份飭造令、以單價關係、須於本星期內、始可到廠、所列主要出

二

76

品名稱數量如次：六公分迫砲150門、迫彈60,000發、擲榴器2,000套、迫砲另件60套。

二、料的問題，以運輸情形略有起色，故較樂觀。

三、增加預算四百萬萬已經 委座批准先發二百萬萬。

四、單價調整，係按照料價增加百分比計算，彈可望增加60%－70%，每發約在6,120元左右；砲可望增加50%－60%，每門約在384,000元左右。

五、填沙彈單價經與署方一再磋商，本廠試砲用之填沙彈，每發以三千元計算；至裝運出廠之填沙彈（如美軍用之練習彈）之單價，則不在此限。

六、超迫彈試造費，可備文請領。

蔡工程師其恕：關於材料一項，鋼料、大渡口軋的不能用，故仍不能樂觀。

主席：應向廿四廠及資渝鋼廠等再行接洽。再七月份繳砲彈六萬發，為不可能之事，在材料問題未能解決前，勢只能以月繳四萬為限。信號彈材料供給來源太無把握，暫停止製造。八所準備工具，應以每月製造十萬發為準。二四所使用機器計劃，可以為依據，分別先後，而使最後產量可以增加。

(2)關於超迫彈試驗者。

主席：最近試射超迫彈之情形如何？

鄭所長昱：等車新尾管後，再行試驗，現加重尾管十個，所將車好。

主席：本人擬參加試射，並察看底板情形。

孟工程師繼炎：材料品質不定，試驗時應以較次者為準，不能以較優之材料所製之尾管之成績為準，此點極為重要。

主席：裝藥量仍須繼續試驗增加。

散會

兵工署第十工厂第一百一十五次工务会议记录（一九四五年八月七日）

78

密件（請於卅四年十月七日以前交還工務處）

第四號

兵工署第十工廠第一百一十五次工務會議紀錄

時　間　卅四年八月七日上午八時

地　點　本廠忠恕堂

出席者　莊　權　蔡其恕　陳心元　陳喜棠　林清許　王秩信
孟繼炎　何戊德　金予燈　姚錦松　錢啟時　方炳盤代
朱寶鈺　張庭桂　陳志靜　金樾聲　葉昭偕　張世權
李繼遜　呂則仁　鄭昱　沈培孫　陳志愃　潘鴻

紀錄　金之傑

主席　莊　權

宣讀第一百一十四次會議紀錄

討論事項

(1)關於各單位工作者。

主席：最近材料情形如何？尚缺何種材料？

金科長樾聲：一分銅料一噸、七四分銅料二噸均已到廠；二分半銅料已到泸州，五分銅料十二噸，下月上旬可望到渝。一寸二分料，署方亦無辦法。

蔡工程師其恕：現只缺銅皮，擬催廿五廠代軋。

主席：下半年度七八九三個月之料，可稱已大體解決，此三個月應出之砲450門，彈15萬發，務須於九月底前如限完成。再八聯準備工具之情形如何？

朱聯長寶鈺：工具向由各聯請製，現已陸續製就，不必，尚亦無積壓，惟製工具之材料，不如以前之佳，恐不甚經用耳。

主席：八聯準備之以月造十萬發彈為準之各聯工具，應於九月底全部完成。各

80

所尚未論定者，應即向八所請製。

金科長機聲：雲南經濟委員會代運之料，本月底可到瀘州，下月十日前可運至本廠。

主席：本廠推行件工資之情形如何？

孟工程師繼炎：在推行件工制之初，經將工資現狀先行統計一次，發現技術較高或年資較深之工人，以現支工資較高，或有吃虧之處，故在實行件工制時，儘先不抽調工資較高之工人，即能校正車子者，亦不令作件工。然後將各所工作與各所長分別商討後，決定每日最低應做件數及每件應給工資數目，務使如努力從事，所得必可較目前所得為多。目前擬自十三日起實行者，計一二四九四所之一部份工作，其間以九所為較多。如有不甚有把握之工作，一概未曾列入，俟逐次商妥後，再行推廣。

主席：各種機器實際能力與件工制施行後之工作能力成何比例？就一般情況而言，可達到的效能，自働車約為80%，六角車約為60%—70%，其多用人工者，自當較低，於覆核，吾人在初步施行時，自不能有過奢期望，惟須逐步改進。

蔡工程師其懃：茲有數事，報告如次，請各所長注意：

一、近來各所時有請短假並請發差假証者，頗有流弊可能，如無甚緊要者，索性准其長假，或曠職，或請假之工人，其工具應由担任記工之事務員與管理工具之職員隨時聯絡，即行清理，以免遺失。除高級技工外，離廠時一律不給差假証；

二、電力供應，本月內聞有恢復原來狀態之訊，本廠工作時間，亦當於電力恢復原態時恢復以前狀態；

三、三所之廢品率，以卅三年十二月及卅四年一月份二個月為最低，卅四年二三四五六各月，逐有增加，而以七月份之41%為最高，計75000枚中，合格者僅38000枚，疵病中以偏心彈帶並表面壞，砂眼，等為多，急須注意，否則與出品數量所關極大。

陳所長喜棠：近月來以熟練工人走動頗多，且日來天氣炎熱，澆鉄水工作頗受影響，正設法改善中。

(2)關於超迫彈試驗者。

主席：最近試射超迫彈之情形如何？

鄒所長昱：最近以打過之尾管，將其後面車薄後，裝195 gr.發射藥射擊，仍未破裂，經細察後，知藥室並未到底，致容積較大，故此結果不足為憑，惟按此結果，則銅藥室體之可以應用，似可斷定。

主席：裝藥方面，試驗情形如何？

何所長戊德：一星期來尚無試驗結果可以報告。

(3)關於廠長訓示者。

主席：茲有數事，指示如次：

一、工作規定指數（分數）事，先由各所酌定，然後會同修正，由粗入精，逐漸進步，為工資審定之基本工作，工資標準可漸使合理化；

82

二、各聯記簿，應由各聯長負責整飭，並由工務處在上下班時派員查察；

三、各聯機器，就現有材料，先趕另件或半成品，俾日後趕出缺件，最後可大批裝配成品；

四、二四兩聯現車銅料，質地較次，應即加夜班；

五、本廠最大產量，即由工務處估計；

六、工人宿舍支配情形，即由工政課會同事業課農場洽辦後，列表呈核；

七、小鐵道應即時修整；

八、電話總機不靈，應注意修理；

九、運輸隊運輸情形，分廠內廠外兩部份，統計後列表呈閱；

十、會計處統計科等處遷移事，即由辦公廳張主任催辦；

十一、舊成品庫，辦公室交購置科應用。

散會

三

密件（請於卅四年十月十五日以前交還工務處）

第四號

83

兵工署第十工廠第一百一十六次工務會議紀錄

84

時　間　卅四年八月十五日下午三時卅分

地　點　本廠會議室

出席者　莊　權　蔡其恕　陳心元　陳喜棠　林清許　王秩信
　　　　孟繼炎　何戊德　金子澄　姚錦松　錢啟曦　朱寶鈺
　　　　張庭桂　呂則仁　陳志靜　金機聲　葉貽浩　張世權
　　　　李繼遜　鄒　昱　沈培孫　陳志瑄　潘　鴻

主席莊　權　　　　紀錄金之傑

宣讀第一百一十五次會議紀錄

討論事項

主席：

（一）關於各單位工作者。

現在抗戰已經光榮勝利，以製造計劃更有變動，本廠出品數量，可不必再如過去情形積極增產。應即在適當產量及維持本廠最低產量，估出數目。員工不多更動，務使各有工作可做，且可維持目前生活。惟小工等不需要者，應酌予裁汰。此意已與蔡工程師談過，務須根據此意，將計劃於本星期五送署。工作時間，可於不減少出品之條件下酌予減短。訓練工人一事，應即於此時進行。七八兩月，對署仍以月繳彈六萬發為是，九、十月以後，只酌定數目，請發飭造令。

蔡工程師其恕：此項計劃，已由　廠長指示大意，正在估計中。惟以七八兩月之現狀論之，產量均未達標準，自目前至九月底，計四十五日，如須提做廿二萬、寄頗感吃力。

鄭聯長昱：彈以受彈尾管火帽座之影響，出數不多，現正設法趕做中。

金科長機聲：聯缺之銅皮現已運到。

主席：購置方面以後應儘量購儲煤焦及給領署料。現在材料運輸情形如何？

金科長機聲：昆明之料，計共36噸，現已有十餘噸運到瀘州，惟運輸問題現較以前轉為不便，故其餘十餘噸何日可到瀘州無甚把握。如一到瀘州則雖雇木船，亦須設法運渝也。

主席：件工制已暫緩推廣否？

孟工程師繼焱：除皮件外，其餘已停止進行矣。

主席：最近電力供應情形如何？

錢聯長啟時：最近關於電力供應方面可以報告之消息如次：

一、大渡口與電力公司之躉電合約尚未簽訂，以大渡口方面要由電力公司月供煤千噸，而電力公司對大渡口方面之電擬用以抵銷其他兵工廠聯用之度數，故兩方尚有相當距離，一時不易談妥。

二、各兵工廠均盼更改綫路，俾可減少停電日期，已請馬科長向監理會接洽矣。

主席：日來打水事如何？水池工作已進行至何程度？

錢聯長啟時：昨今兩日水勢稍退，已可照舊打水，水池現正在做底腳。

主席：各聯紀律事已着手整飭否？

蔡工程師其懿：上次廠長指示後，當即召集各所所長會商一次。大約下班時每有工人以吃飯關係或洗手等事，秩序頗有問題。現擬將開紅燈時間提前五分鐘，惟紅燈亮後（不准工友出所）只准工友洗手，紅燈熄後始准出所。此層已與各所長切實談過，由各所長轉達各工友，實行以後對於秩序或可較佳也。

主席：工人宿舍支配情形如何？

潘課長鵠：已由事業課列表呈閱矣。

(2) 關於趕造彈試驗者。

主席：關於增加發射藥量之試驗結果如何？

鄒所長昱：最近曾用八所自料所製之尾管，前面加厚2mm，後面減薄至與以前一樣後打過三發，全彈重八公斤（較以前輕0.13公斤）射角為45°，其裝藥量與射程如次：

一、第一發——裝189克——射程600公尺；（恐係底板鬆之故）

二、第二發——裝198克——射程720公尺；

三、第三發——裝208克——射程755公尺。

經細察其外徑均無漲大情形，惟內徑則第一二兩發，均大50絲，第三發漲大1絲。

主席：應再仔細觀察研究，底部割去後再行測量一次。現在卓製尾管，可即依照現在尺寸。又該項材料之試驗結果如何？

孟工程師繼英：此次大渡口及一廠所送之料，質地均極好。另有研究室之報告一件，可以參考。

蔡工程師其恕：以後試驗同樣之料，可分送研究室及廿八廠同時化驗，結果可互相參照。

(3) 關於廠長訓示者。

主席：茲有數事指示如次：

一、遲到早退影響工場工作，工作時間已到，工場門首尚未開，尤為不當。現在既經各所所長整飭，應即立時改正，勿再玩忽；

二、運輸隊暫仍由工政課指揮監督；

三、小工學工只退不添，優良技工不在此限。

四、工作時間自九月一日起，上午為7:00—12:30，下午為2:00—7:00。

散會